Sabine Abel · Annette Diepolder · Karoline Hoffmeister

HAUSSCHUHE

stricken & filzen

Warme Füße für Groß und Klein

CV

Inhalt

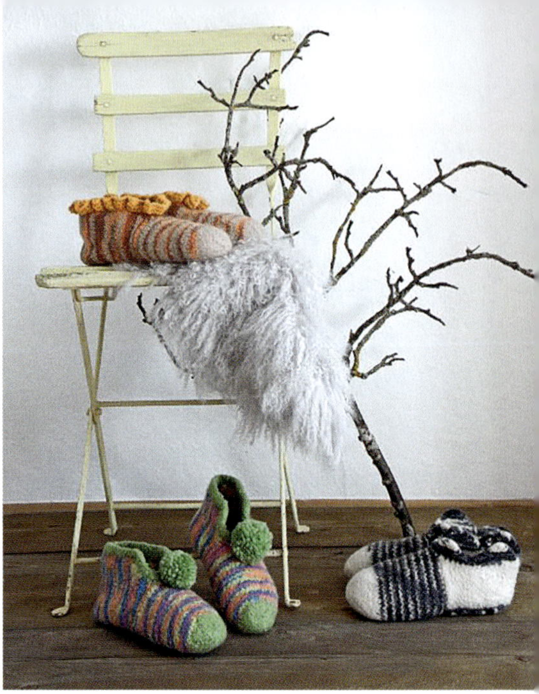

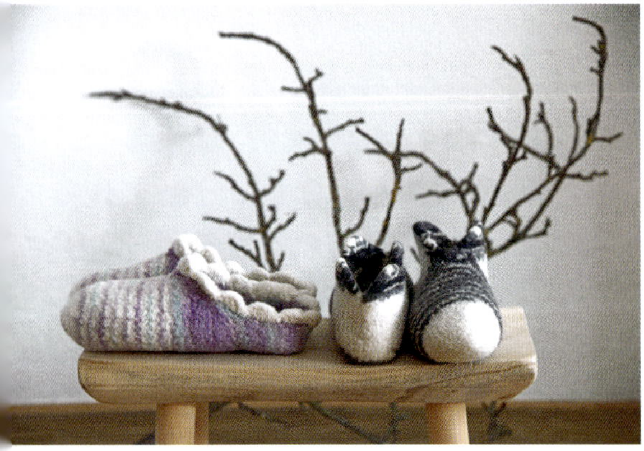

Abkürzungen

feM	feste Masche(n)
Kettm	Kettmasche(n)
Luftm	Luftmasche(n)
Stb	Stäbchen

Die perfekten Puschen

Diese Strickfilzpuschen punkten mit großem Wohlfühlfaktor, denn mit ihnen bleiben unsere Füße immer wollig warm.

Besonders schön dabei ist, dass diese Hausschuhe einfach anzufertigen sind. Denn sie werden ähnlich wie Socken – nur in Übergröße – mit großen Nadeln gestrickt und im Anschluss in der Waschmaschine gefilzt. Die Grundform ist einfach und mit den dicken Nadeln mit rechten und linken Maschen geht das Stricken schnell von der Hand. Unregelmäßigkeiten im Maschenbild sind völlig unerheblich, da diese nach dem Filzen nicht mehr sichtbar sind. Sind die Puschen gestrickt, übernimmt die Waschmaschine die weitere Arbeit, denn bei 40 °C bis 60 °C im Sparprogramm verfilzen die Modelle und schrumpfen auf die passende Größe.

In Streifen-, Sternen- oder Pünktchenmuster, verziert mit Bommeln oder Rüschen sind diese individuellen Hausschuhe bei allen Familienmitgliedern beliebt und ein immer willkommenes Geschenk.

TECHNIK

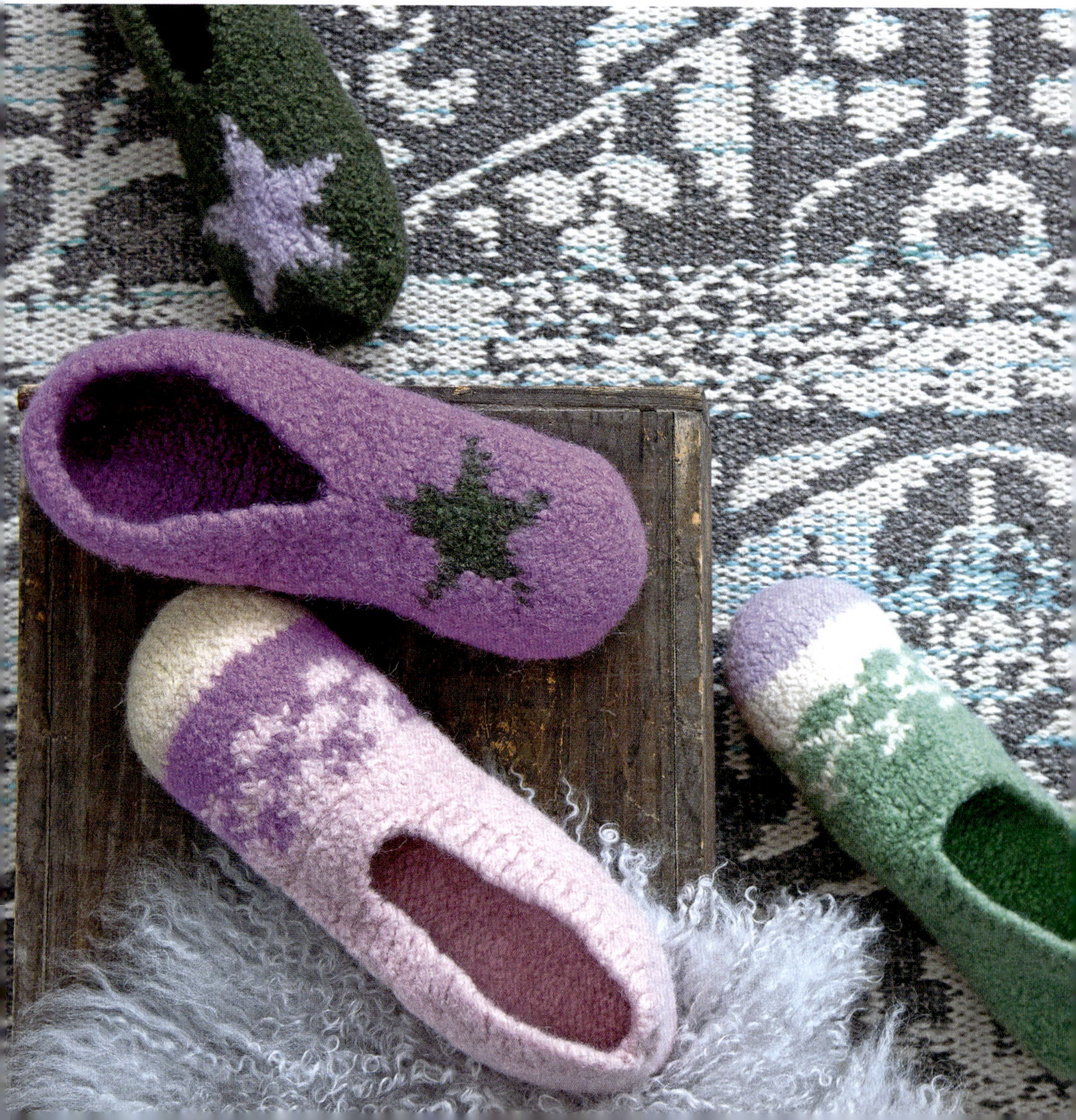

Strickfilzen: So geht's

Das Garn

Für Hausschuhe ist spezielle Strickfilzwolle sehr gut geeignet. Sie ist nur leicht gedreht und unverzwirnt. Sie verfilzt schön fest und ist außerdem sehr strapazierfähig.

Stricknadeln

Gestrickt wird die Filzwolle mit Rundstricknadel und Nadelspiel, jeweils in der Nadelstärke 7–8 mm.

Maschenprobe

Damit die Hausschuhe nach dem Filzen der gewünschten Größe entsprechen, empfiehlt es sich, für jedes Modell zunächst eine Maschenprobe anzufertigen und zu filzen. Denn unterschiedliche Waschmaschinentypen und -programme können unterschiedliche Schrumpfungsgrade zur Folge haben.

Für jedes Modell sind die Maße der Maschenprobe vor und nach dem Filzen angegeben.

1. Gut 1,5x so viele Maschen anschlagen, wie für die Breite von 10 cm **vor dem Waschen** angegeben ist, und auch ca. 1,5x so viele Reihen stricken wie dort angegeben.
2. Das Maßband oder einen Maschenzähler zuerst **vor dem Waschen** unter den Maschen anlegen und die Maschen auf 10 cm Länge zählen, dann neben den Maschen anlegen, um die Reihen auf 10 cm zu zählen. Wichtig dabei ist, das Maßband nicht am Rand, sondern in der Mitte des Gestricks anzulegen, die Randmaschen verfälschen das Ergebnis.
3. Da sich nach dem Filzen keine Maschen mehr zählen lassen, nun auch noch die Außenkanten des Gestricks in Höhe und Breite messen und sowohl die Maße als auch die gesamte Maschen- und Reihenzahl notieren.
4. **Nach dem Filzen** ziehen Sie das Probeläppchen in Form und messen Länge und Breite. Berechnen Sie die Anzahl der Maschen auf 10 cm: Sie teilen die Gesamtanzahl der (gestrickten) Maschen durch die Breite des Läppchens, z. B. Sie haben 37 Maschen gestrickt, das Läppchen ist gefilzt 22 cm breit: 37:22 = 1,68, also ca. 1,7 Maschen pro Zentimeter = 17 Maschen auf 10 cm in der Breite. In der Höhe rechnen Sie genauso, z. B. hatten Sie 46 Reihen notiert, das Läppchen ist 20 cm hoch: 46:20 = 2,3 Reihen pro Zentimeter = 23 Reihen auf 10 cm in der Höhe.

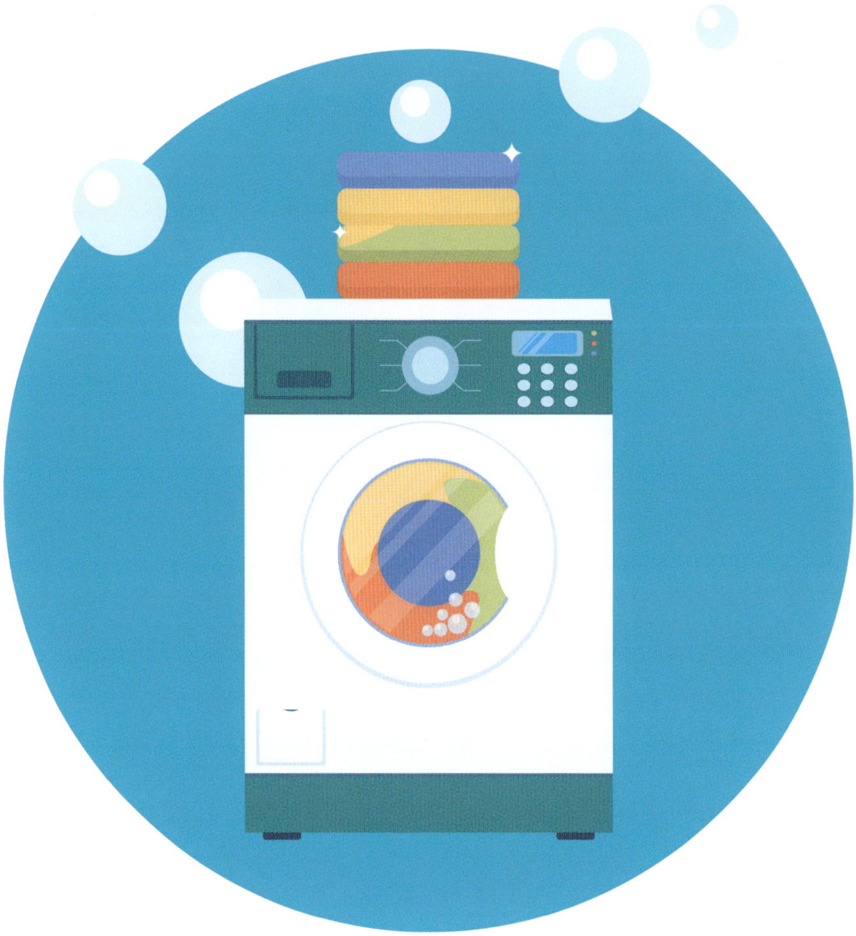

5. Fällt die Maschenprobe **nach dem Filzen** kleiner aus als angegeben, so wurde fester gearbeitet und es empfiehlt sich, eine etwas dickere Nadel zu verwenden. Fällt sie größer aus als angegeben, so wurde lockerer gestrickt und es kann eine etwas dünnere Nadel verwendet werden.

Lassen Sie sich nicht davon irritieren, dass Ihr Hausschuh beim Stricken scheinbar viel zu groß aussieht – beim Waschen, also Verfilzen, läuft er stark ein (ca. um ein Drittel). Das Endergebnis ist ein Strickstück, bei dem die einzelnen Maschen fast nicht mehr zu erkennen sind.

Tipp

Die gefilzten Maschenproben als Untersetzer verwenden oder zu einem Patchwork Kissen zusammennähen. Sehr dekorativ ist es auch, kleine Geschenkanhänger daraus zu schneiden.

Filzen in der Waschmaschine

Zum Filzen eignet sich jedes Waschmittel, am besten jedoch Flüssigwaschmittel, da es keine Rückstände in Form kleiner Körnchen zurücklässt. Die gestrickten Modelle in der Waschmaschine im Sparprogramm bei üblicherweise 40 °C waschen (dabei auch die Angaben auf der Garnbanderole beachten und ggf. den Waschvorgang wiederholen). Bei Teilen, die bei 60 °C gewaschen werden, wird explizit darauf hingewiesen. Dabei wird der Filz dichter und fester. Die Strickteile immer zusammen mit einigen Handtüchern o. Ä. waschen. Durch die Reibung mit den anderen Stücken wird der Filzvorgang verstärkt. Auch Kautschuk-Waschbälle zum Sparen von Waschmittel unterstützen den Filzvorgang, indem sie die Wäsche durchwalken. Die Waschmaschine sollte maximal zu 2/3 gefüllt sein. Die Hausschuhe noch feucht in Form ziehen, mit Zeitung ausstopfen und trocknen lassen.

Hinweis

Fallen die Hausschuhe nach dem Filzen noch immer zu groß aus, einfach noch einmal bei 40 °C oder 60 °C (je nachdem, um wie viel das Teil zu groß ist) waschen. Fallen die Hausschuhe nach dem Filzen zu klein aus, können sie noch feucht in Form gezogen oder gespannt werden.

Nützliche Kleinigkeiten!

Latexmilch für Stoppersocken

Zum Auftragen auf die Sohlen, damit diese rutschfest werden.

Nadelfilzen

Details zur Verzierung der Hausschuhe können auch in Nadelfilztechnik gearbeitet werden. Hier werden die Fasern von Filzwolle im Vlies (u. a. als Märchenwolle erhältlich) oder auseinandergezupfte Fasern der Strickfilzwolle mit einer Nadel verfilzt. Filznadeln bestehen aus Stahl und sind an der Spitze mit feinen Widerhaken versehen. Die Nadel sticht bei jedem Stich weit durch die Wolle hindurch. Als Unterlage sollte deshalb aus Sicherheitsgründen immer ein Stück Schaumstoff verwendet werden. Die Unterlage sollte mindestens 5 cm dick sein, für kleinere Teile reicht auch ein Haushaltsschwamm, für größere Teile ist ein Block aus Schaumstoff ideal. Die Wolle wird in die gewünschte Form gebracht. Dann wird so oft mit der Nadel eingestochen, bis sich das Filzstück zur gewünschten Festigkeit verdichtet hat.

Tipp

Kleine gestrickte oder gehäkelte Teile, wie z. B. Pompons und Blüten, zum Filzen in ein Wäschenetz geben oder in einen Nylonstrumpf stecken und diesen zuknoten. Mehrere kleine Teile in einzelne Wäschesäckchen oder Nylonstrümpfe geben. Alternativ zusammen in einen Nylonstrumpf geben, dann aber zwischen den einzelnen Teilen einen Knoten in den Strumpf machen, da die Teile sonst miteinander verfilzen.

Hausschuhe mit Fersennaht

Material:

- Strickfilzwolle (100 % Schurwolle, LL = 50 m/50 g): Verbrauch siehe Tabelle oder Anleitung; Rundstricknadel 7–8 mm; Nadelspiel 7–8 mm; Wollnadel.

Glatt rechts: In den Hinreihen rechte Maschen, in den Rückreihen linke Maschen stricken.
Glatt rechts in Runden: Stets rechte Maschen stricken.

Aus 1 Masche 2 Maschen herausstricken: 1 Masche links stricken, die Masche noch nicht von der linken Nadel gleiten lassen, sondern den Arbeitsfaden nach hinten legen, noch einmal von hinten (rechts verschränkt) in die Masche einstechen, den Faden holen und nun die Masche von der Nadel gleiten lassen.

Maschenprobe:

glatt rechts mit Nadeln 7–8 mm: 12 Maschen und 16 Reihen = 10 cm x 10 cm vor dem Filzen und 8 cm x 8 cm nach dem Filzen.

So wird's gemacht

Die Hausschuhe werden an der Ferse begonnen und glatt rechts gemäß Tabelle auf Seite 9 gestrickt. Die gewünschte Maschenzahl mit der Rundstricknadel anschlagen, siehe Zeile **(A)**. Die in der Tabelle angegebene Reihenzahl glatt rechts stricken, siehe Zeile **(B)**. In der letzten Rückreihe die erste und letzte Masche der Reihe verdoppeln, dazu aus 1 Masche 2 Maschen herausstricken.
Dann den Fuß in Runden weiterarbeiten: Die Maschen gleichmäßig auf 4 Nadeln des Nadelspiels verteilen, zur Runde schließen und nun die in der Tabelle angegebene Maschenzahl in Runden stricken, siehe Zeile **(C)**.
Nach der angegebenen Anzahl an Runden, siehe Zeile **(D)**, für die Spitze in jeder Runde jeweils die ersten 2 Maschen jeder Nadel rechts zusammenstricken, bis nur noch 8 oder 10 Maschen übrig sind.
Den Arbeitsfaden abschneiden und mit der Wollnadel durch die restlichen Maschen ziehen, fest zusammenziehen und den Faden vernähen.
Dann die Fersennaht schließen: Die Anschlagkante doppeltlegen und die Kanten zusammennähen. Darauf achten, dass die Naht flach und der Faden nicht zu fest angezogen wird, da sich sonst die Naht beim Filzen zu sehr zusammenzieht.
Die Hausschuhe mit einigen Handtüchern und etwas Waschmittel je nach Garn bei 30–40°C bzw. bei 60 °C im Sparprogramm in der Waschmaschine filzen (Angaben auf der Garnbanderole und in der Anleitung beachten). Nach dem Waschen in Form ziehen, die Ferse herausdrücken. Zum Trocknen mit Papier ausstopfen.

Tipp

Die Hausschuhe können auch individuell angepasst werden. Sollen sie beispielsweise für sehr schmale Füße länger werden als in der Tabelle angegeben, einfach für 1 cm Mehrlänge 3 Reihen zusätzlich stricken. Entsprechend einfach 3 Reihen (= 1 cm) weniger für kürzere Schuhe stricken.

Hausschuhe mit Fersennaht aus **Strickfilzwolle** (100 % Schurwolle; LL = 50 m/50 g)												
Maschenprobe		glatt rechts mit Nadeln 7–8 mm: 12 Maschen und 16 Reihen = 10 cm x 10 cm vor dem Filzen										
Größe		**26/27**	**28/29**	**30/31**	**32/33**	**34/35**	**36/37**	**38/39**	**40/41**	**42/43**	**44/45**	**46/47**
A	Maschenzahl für den Anschlag	24	26	26	28	30	30	32	34	36	38	40
B	Reihenzahl	22	23	24	25	28	31	33	35	37	39	41
	Maschenzunahme in der letzten Rückreihe	2 Maschen = an beiden Seiten jeweils 1 Masche zunehmen										
C	Maschenzahl in Runden	26	28	28	30	32	32	34	36	38	40	42
D	Runden bis Spitzenbeginn	20	21	22	23	24	25	27	29	31	32	34
Gesamtfußlänge nach dem Filzen in cm		18	19	20-21	22	22-23	24-25	26-27	28-29	29-30	30-31	31-32
Garnverbrauch pro Paar ca.		100 g				150 g				200 g		

Hausschuhe mit Käppchenferse

Material:

- Strickfilzwolle (100 % Schurwolle, LL = 50 m/50 g): Verbrauch siehe Tabelle oder Anleitung; Rundstricknadel 7–8 mm; Nadelspiel 7–8 mm; Wollnadel.

Glatt rechts: In den Hinreihen rechte Maschen, in den Rückreihen linke Maschen stricken.
Glatt rechts in Runden: Stets rechte Maschen stricken.

Maschenprobe:

glatt rechts mit Nadeln 7–8 mm: 12 Maschen und 16 Reihen = 10 cm x 10 cm vor dem Filzen und 8 cm x 8 cm nach dem Filzen.

So wird's gemacht

Die Hausschuhe werden glatt rechts gemäß Tabelle auf Seite 11 gestrickt. Dazu die der gewünschten Größe entsprechende Maschenzahl anschlagen, siehe Zeile **(AA)**. Die angegebene Anzahl Reihen für die Fersenwandhöhe glatt rechts stricken, siehe Zeile **(BB)**. Die Maschen für das Fersenkäppchen in drei Teile aufteilen, siehe Zeile **(CC)**. Nun nur über die Maschen des mittleren Drittels glatt rechts stricken, dabei die äußeren Maschen der Seitenteile wie folgt mitstricken: In Hinreihen die letzte Masche des mittleren Drittels mit der folgenden Masche des Seitenteils rechts verschränkt zusammenstricken. Wenden und die 1. Masche links abheben. In Rückreihen die letzte Masche des mittleren Drittels mit der folgenden Masche des Seitenteils links zusammenstricken. Wenden, die 1. Masche rechts abheben. So fortfahren, bis nur noch die Maschen des mittleren Drittels übrig sind.
Ab jetzt für den Fuß in Runden weiterstricken, dazu in der 1. Runde aus den Seiten der Fersenwand die erforderlichen Maschen auffassen, siehe Zeile **(DD)**, für den Oberfuß die erforderliche Zahl Maschen dazu anschlagen, siehe Zeile **(EE)**, und anschließend aus der zweiten Seite der Fersenwand wieder Maschen herausstricken, siehe Zeile **(DD)**. Die Maschen gleichmäßig auf 4 Nadeln des Nadelspiels verteilen, siehe Zeile **(FF)**, die Arbeit zur Runde schließen und über alle Maschen, die angegebene Anzahl an Runden bis Spitzenbeginn stricken, siehe Zeile **(GG)**.
Dann die Spitze arbeiten. Dafür in jeder Runde die ersten 2 Maschen jeder Nadel zusammenstricken. Liegt auf 2 Nadeln jeweils 1 Masche mehr als auf den beiden anderen, zum Angleichen der Maschenzahl die 1. Abnahmerunde nur auf diesen beiden Nadeln arbeiten, dann die angegebenen Abnahmerunden gemäß der Tabelle stricken, siehe Zeile **(HH)**. Den Arbeitsfaden abschneiden und mit der Wollnadel durch die restlichen Maschen ziehen, fest zusammenziehen und den Faden vernähen.
Mit Handtüchern und etwas Waschmittel je nach Garn bei 30–40°C bzw. bei 60 °C im Sparprogramm in der Waschmaschine filzen (Angaben auf der Garnbanderole und in der Anleitung beachten). Nach dem Waschen in Form ziehen, die Ferse herausdrücken. Zum Trocknen mit Papier ausstopfen.

Hausschuhe mit Käppchenferse aus **Strickfilzwolle** (100 % Schurwolle; LL = 50 m/50 g)

Maschenprobe		glatt rechts mit Nadeln 7–8 mm: 12 Maschen und 16 Reihen = 10 cm x 10 cm vor dem Filzen										
Größe		**26/27**	**28/29**	**30/31**	**32/33**	**34/35**	**36/37**	**38/39**	**40/41**	**42/43**	**44/45**	**46/47**
AA	Maschenanschlag	26	26	28	30	30	32	32	34	36	38	38
BB	Reihen für die Fersenwandhöhe	13	13	14	15	15	16	17	17	18	18	20
CC	Aufteilung der Maschen für das Fersenkäppchen	10/6/10	10/6/10	11/6/11	12/6/12	12/6/12	12/8/12	12/8/12	13/8/13	13/10/13	14/10/14	14/10/14
DD	beidseitige Maschenaufnahme	9	9	10	11	11	11	11	12	12	13	13
EE	Neuanschlag für den Oberfuß	4	4	4	4	4	4	4	4	4	4	4
FF	Gesamtmaschen	28	28	30	32	32	34	34	36	38	40	40
GG	Runden bis Spitzenbeginn	18	19	19	23	24	26	27	29	30	32	34
HH	Abnahmen, um Maschenzahl anzugleichen (1. Abnahmerunde)	0	0	0	0	0	2	2	0	2	0	0
II	Abnahmerunden	5	5	6	6	6	6	6	7	7	8	8
Gesamtfußlänge nach dem Filzen in cm		18	19	20-21	22	22-23	24-25	26-27	28-29	29-30	30-31	31-32
Garnverbrauch pro Paar ca.		100 g				150 g				200 g		

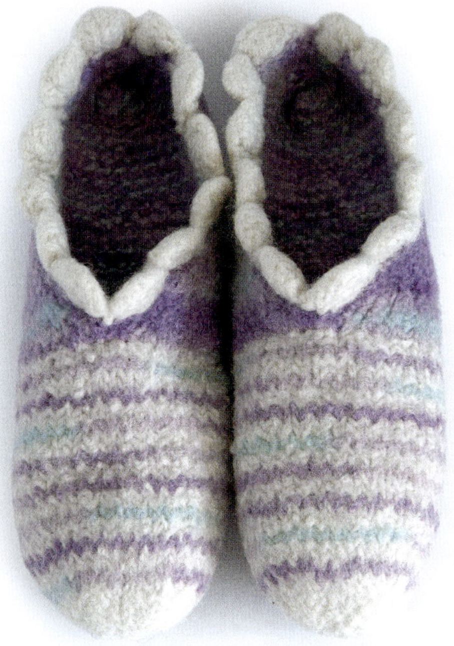
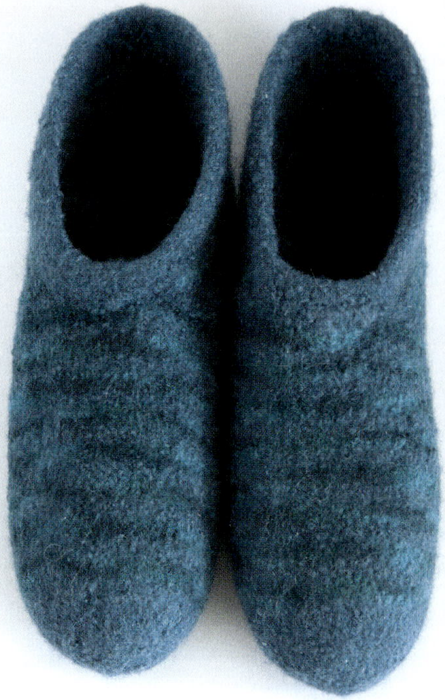
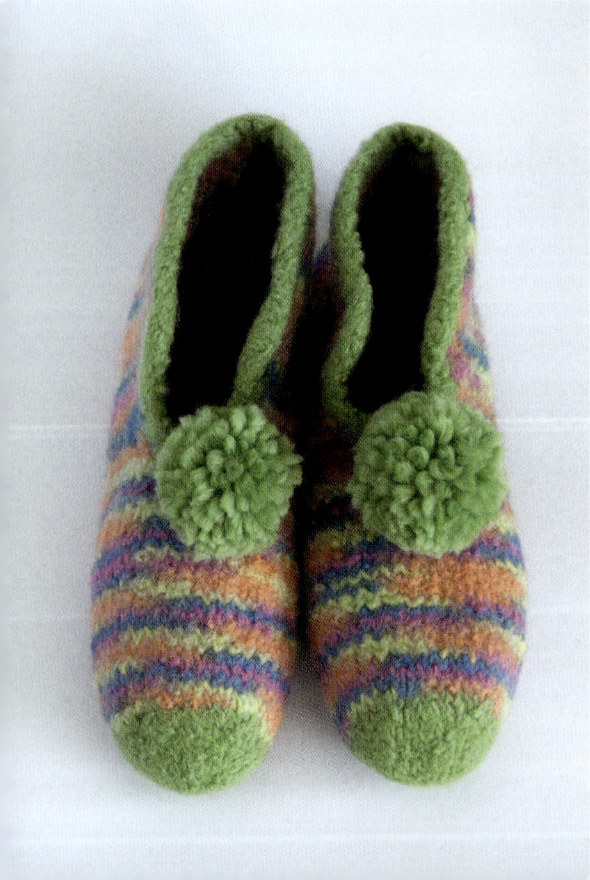
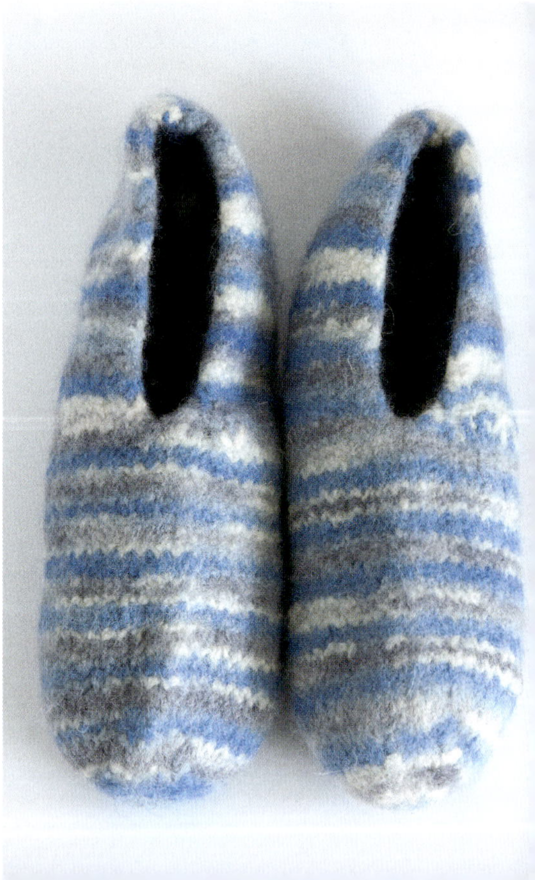

MODELLE

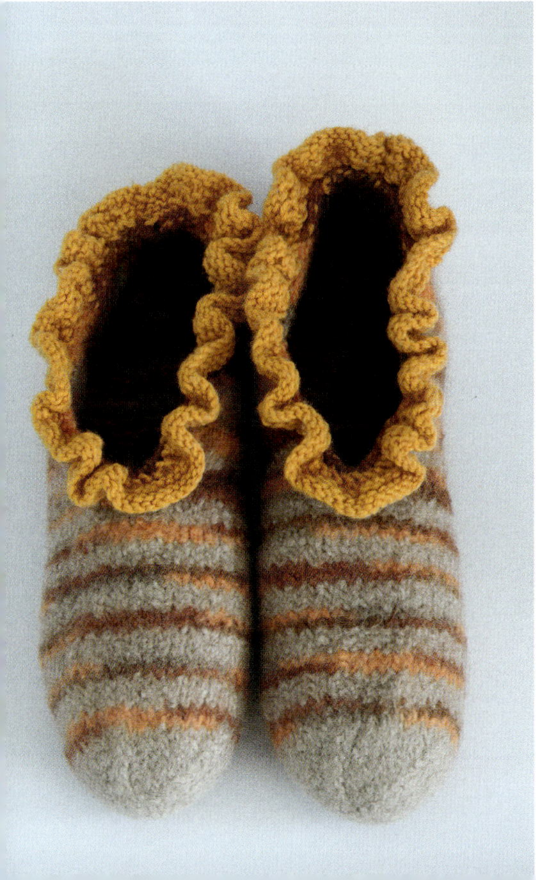

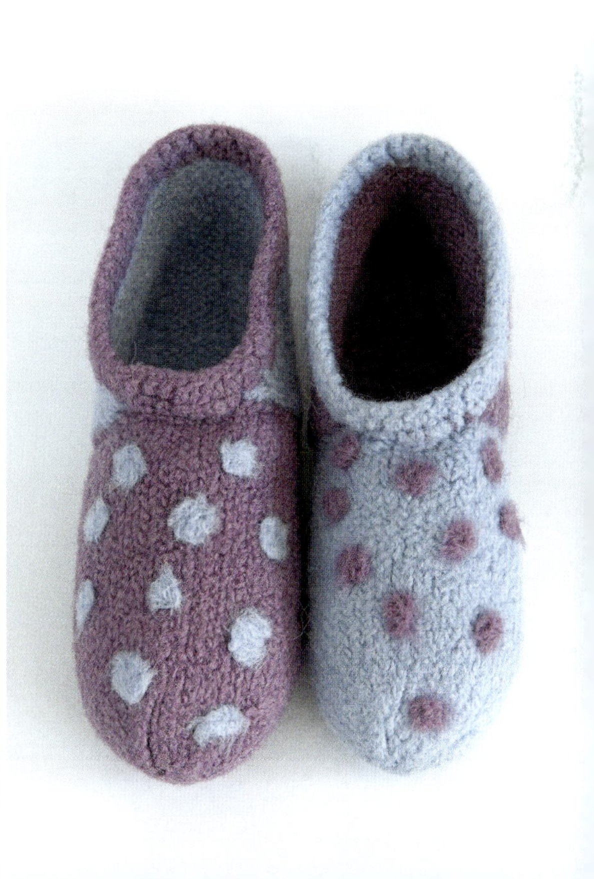

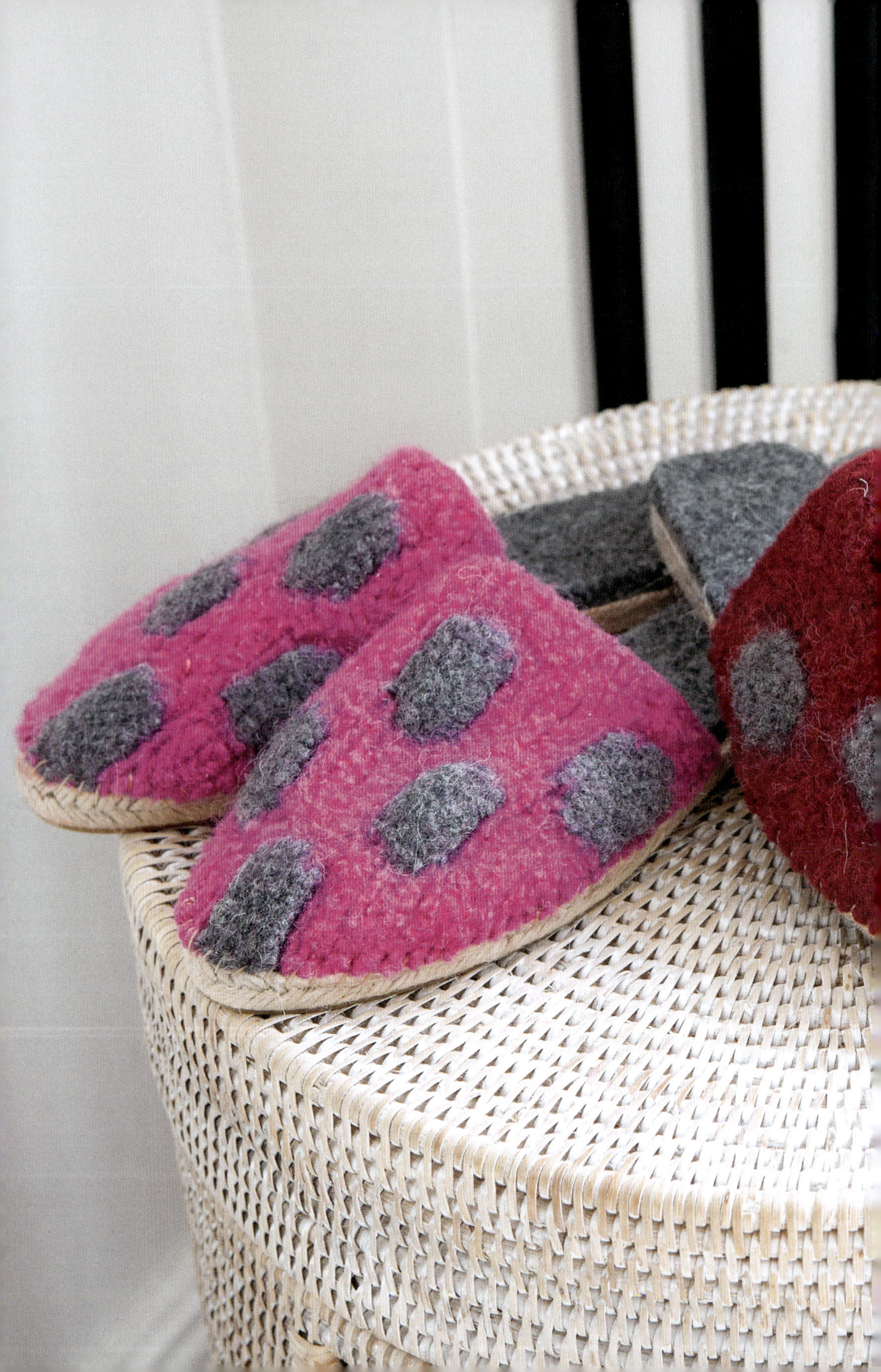

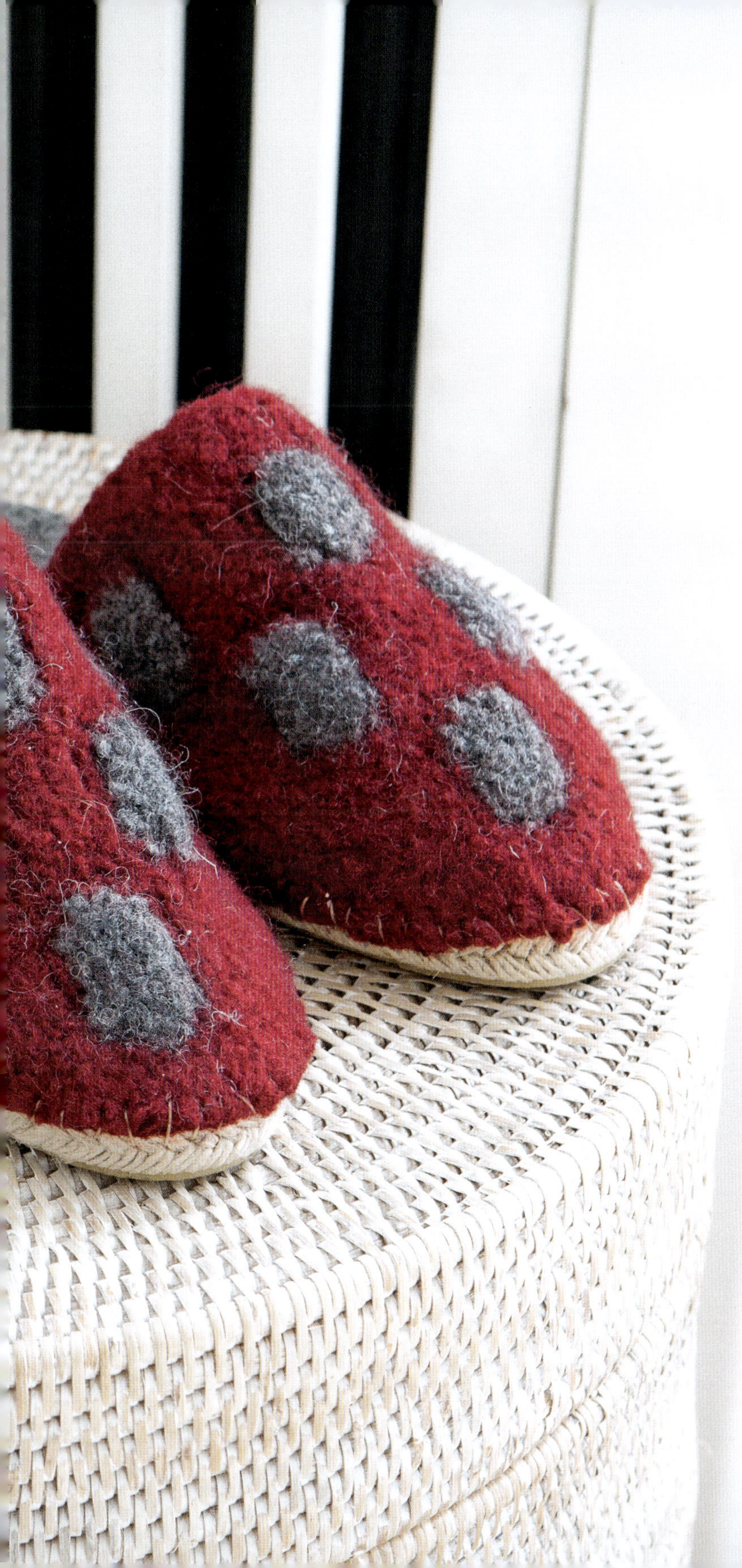

Punktlandung

Pantoffeln mit Punkten

Größe: für alle Größen von 38–44

Material:

- Lana Grossa Feltro (100 % Wolle; LL = 50 m/50 g): 200 g in Dunkelgrau meliert (Fb 04), 100 g in Bordeaux (Fb 15) oder Pink (Fb 38); Stricknadeln 7 mm und 9 mm; Espadrilles-Sohlen, Art. 975 104 von Prym; Sekundenkleber oder Heißkleber.

Maschenprobe:

glatt rechts mit Nadeln 9 mm vor dem Filzen: 9,5 Maschen und 13,5 Reihen = 10 cm x 10 cm. Sohlenstoff vor dem Filzen: 46 cm x 50 cm und nach dem Filzen: 32 cm x 32 cm (Breite x Höhe).

Glatt rechts: In Hinreihen rechte Maschen, in Rückreihen linke Maschen stricken.

Perlmuster: 1 Masche rechts und 1 Masche links im Wechsel stricken, das Muster in jeder Reihe um 1 Masche versetzen.

Randmasche: Die erste Masche jeder Reihe abheben, die letzte Masche jeder Reihe stricken.

Polka Dot Muster: Nach dem Zählmuster arbeiten. Es sind Hin- und Rückr gezeichnet. 1x die 30 Maschen in der Breite und 1x die 36 Reihen in der Höhe stricken. Die Fäden an allen Farbübergängen verkreuzen.

So wird's gemacht

Für den Filzstoff, aus dem später die **Sohlen** zugeschnitten werden, mit Nadeln 9 mm insgesamt 44 Maschen in Dunkelgrau meliert anschlagen und 50 cm glatt rechts stricken. Dann die Maschen abketten.

Für das **Oberteil** (2x arbeiten) mit Nadeln 7 mm 30 Maschen in Bordeaux oder in Pink anschlagen und 3 Reihen im Perlmuster stricken. Dann die 36 Reihen des Polka Dot Musters nach dem Zählmuster arbeiten, dabei die Punkte in Dunkelgrau meliert einstricken und für jeden Punkt ein eigenes kleines Knäuel verwenden. Dann alle Maschen abketten.

Fertigstellen

Alle Teile nach Anleitung bei 30–40°C in der Waschmaschine verfilzen (siehe Seite 6). Nach dem Waschen in Form ziehen und liegend trocknen lassen. Aus dem Dunkelgrau melierten Filzstoff den Umriss der **Sohlen** zuschneiden. Die Espadrilles-Sohlen mit Textilkleber bestreichen und die zugeschnittenen Sohlen passgenau auflegen. Fest andrücken und mit Büchern beschweren.

Aus den beiden gepunkteten verfilzten Rechtecken die **Oberteile der Schuhe** zuschneiden. Dafür die den Sohlen beigelegte Schablone benutzen. Die passende Schuhgröße auswählen. Die zum Fuß zeigende Kante ist die Kante mit Perlmuster und bildet den Abschluss. An der Rundung ca. 1 cm für die Naht zugeben und das Oberteil zuschneiden. Mit einem doppelten Zwirn an die Espadrilles-Sohle nähen.

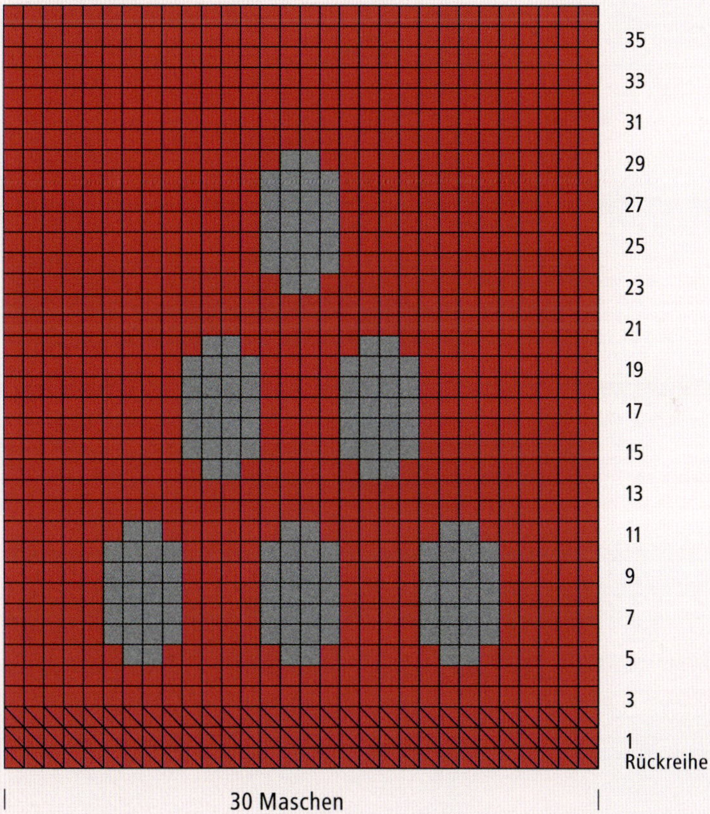

= 1 Masche im Perlmuster in Bordeaux oder Pink

= 1 Masche glatt rechts in Bordeaux oder Pink

= 1 Masche glatt rechts in Dunkelgrau meliert

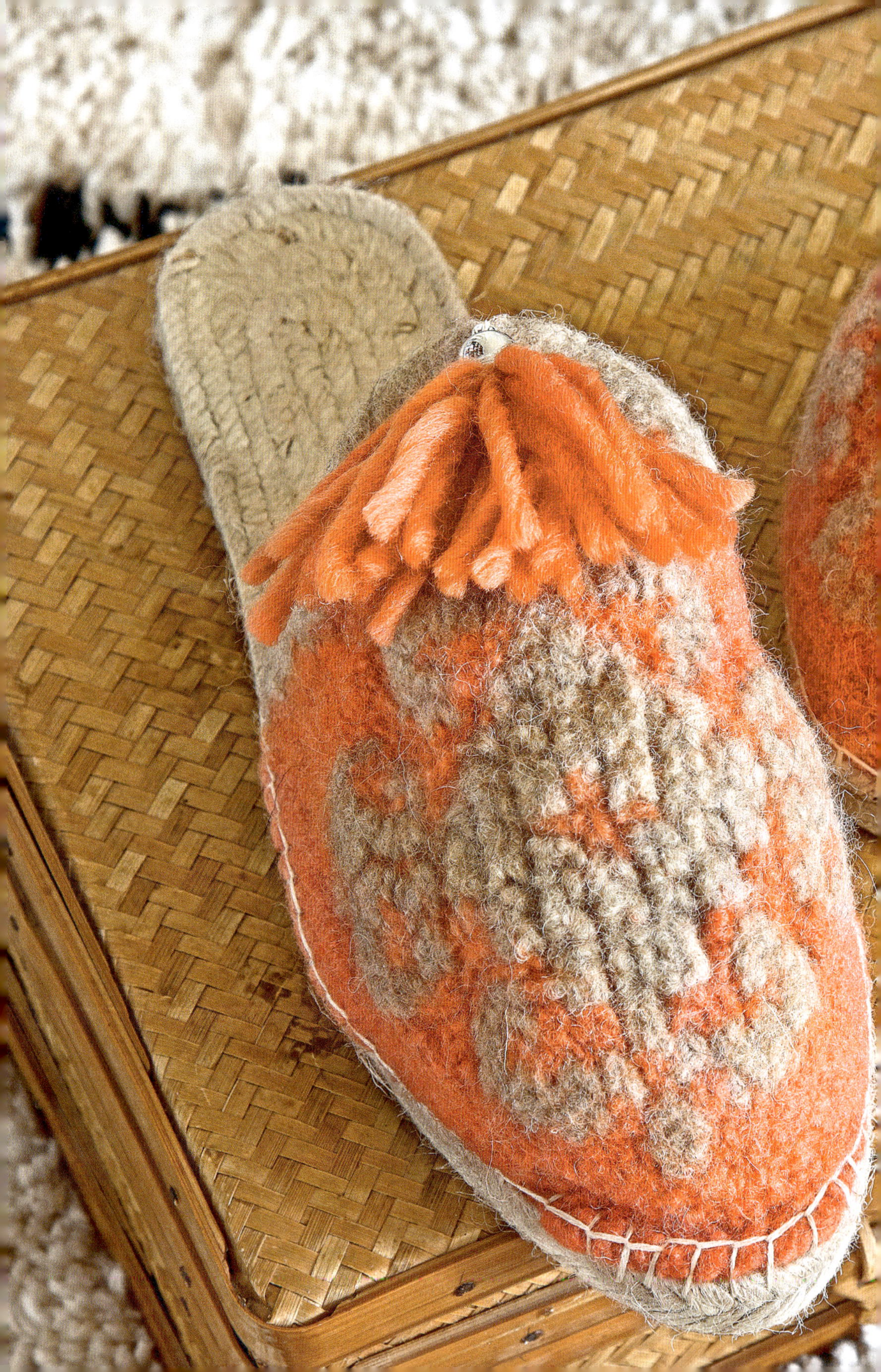

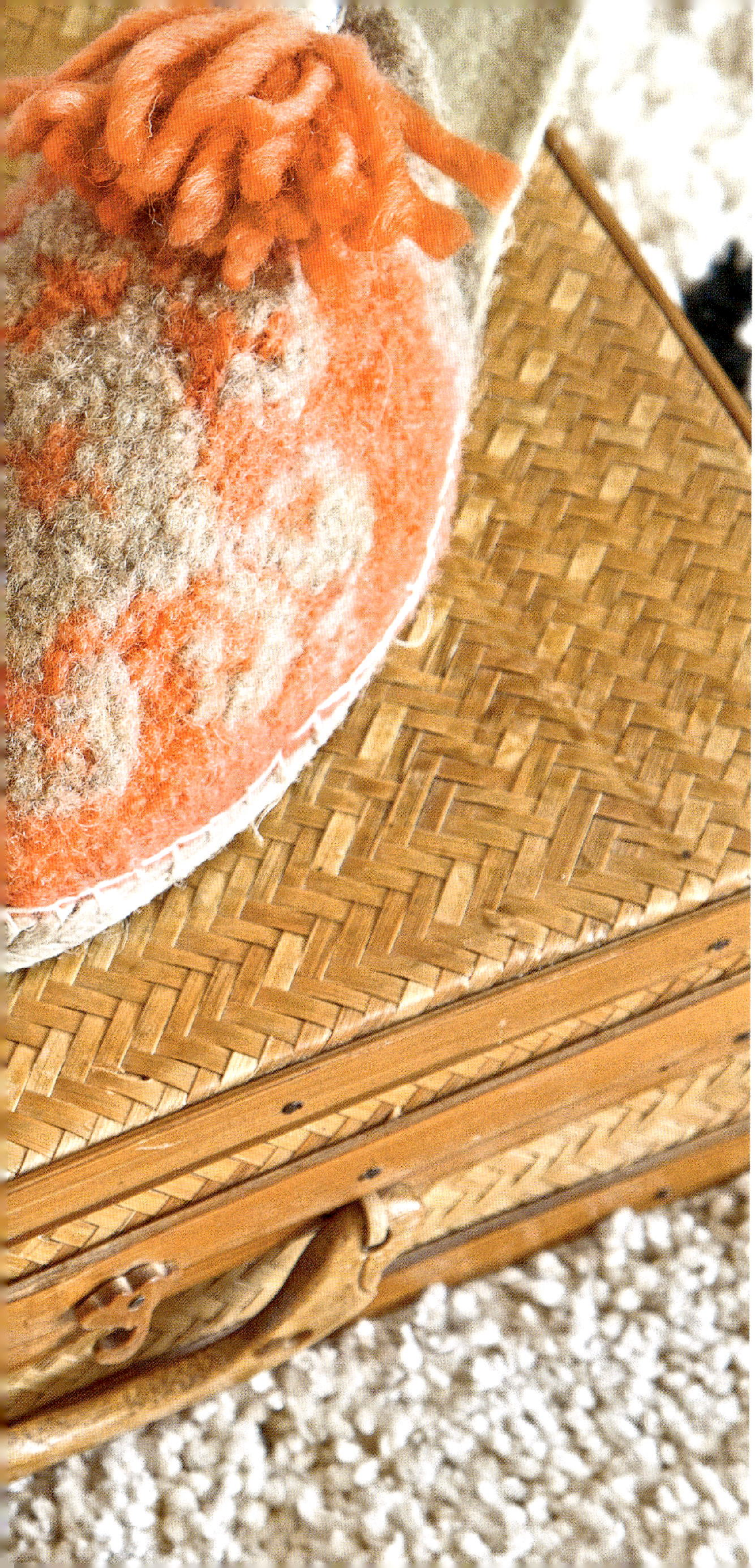

Ein Hauch von Orient

Größe: 39

Material:

- Lana Grossa Feltro (100 % Wolle; LL = 50 m/50 g), 100 g Lachs (Fb 83) und 50 g Beige (Fb 24); Stricknadeln 7–8 mm; Häkelnadel 6 mm; 1 Wollsticknadel; PRYM Espadrilles Sohlen, Art. 975 103, Gr. 39; PRYM-Kreativgarn, Art. 932 404, Fb Seesand; 2 PRYM Tassel Caps, Art. 615 850, Fb Silber, Gr. 10 mm; 1 Stopfnadel Art. 124 662; Klebstoff.

Maschenprobe:

glatt rechts mit Nadeln 7–8 mm: 12 Maschen und 16 Reihen = 10 cm x 10 cm vor dem Filzen und 8 cm x 8 cm nach dem Filzen.

Glatt rechts: In Hinreihen rechte Maschen, in Rückreihen linke Maschen stricken.

Stickmotiv: Nach dem Zählmuster arbeiten. Es sind Hin- und Rückreihen gezeichnet. Das Motiv vor dem Filzen wie in der Anleitung beschrieben aufsticken.

1 einfacher Überzug: 1 Masche rechts abheben, 1 Masche rechts stricken, dann die abgehobene Masche überziehen.

1 doppelter Überzug: 1 Masche rechts abheben, 2 Maschen rechts zusammenstricken, dann die abgehobene Masche überziehen.

Randmasche: Die erste und letzte Masche jeder Reihe rechts stricken.

So wird's gemacht

Für die **Oberseite** an der gebogenen Spitze beginnen und bis zur Schuhspitze arbeiten: 3 Maschen in Lachs mit Nadeln 7–8 mm anschlagen und 1 Rückreihe linke Masche stricken. Glatt rechts ohne Randmaschen stricken, dabei an beiden Seiten in jeder 2. Reihe 3x 1 Masche und 1x 2 Maschen zunehmen, dann an beiden Seiten je 1x 7 Maschen dazu anschlagen = 27 Maschen.
Nun beidseits Randmaschen arbeiten. In der 26. Reihe an beiden Seiten 1x 1 Masche wie folgt abnehmen: Randmasche, 2 Maschen rechts zusammenstricken, 21 Maschen rechts, 1 einfacher Überzug, Randmasche. Diese Abnahmen noch 4x in jeder 2. Reihe arbeiten, dann noch 1x in jeder 2. Reihe wie folgt abnehmen: Randmasche, 3 Maschen rechts zusammenstricken, 9 Maschen stricken, 1 doppelter Überzug, Randmasche. In der folgenden Reihe die Abnahme noch 1x wiederholen. Die übrigen 9 Maschen abketten. Die **2. Oberseite** ebenso arbeiten.

Fertigstellen

Spitze und Anschlagrand (= insgesamt 27 M) in Beige mit 1 Reihe feM und 1 Reihe Krebsmaschen (= feM von links nach rechts) mit Häkelnadel 6 mm behäkeln. Dann das Stickmotiv nach dem Zählmuster in Beige mittig im Maschenstich auf beide Oberseiten aufsticken.

Beide Oberseiten nach Anleitung bei 30–40°C in der Waschmaschine verfilzen (siehe Seite 6). Nach der Wäsche in Form ziehen und den umhäkelten Rand ausformen, besonders die 3 Maschen am Anschlag zur Spitze formen. Mit dem Kreativgarn und der Stopfnadel die Oberseiten an die Sohlen der Espadrilles Sohlen nähen.

Für die **Tassel** den Faden in Lachs mehrmals um die gespreizten Zeige- und Mittelfinger der linken Hand wickeln. An einer Seite die Fäden abbinden, an der anderen Seite die Fäden aufschneiden. An der abgebundenen Seite die Fäden mit Klebstoff in die Tassel Cap kleben und die Quaste ebenso arbeiten. Nach der Trockenzeit die Fäden gleichmäßig auf ca. 3 cm zurückschneiden. Je 1 Tassel an der oberen Mitte beider Oberseiten annähen.

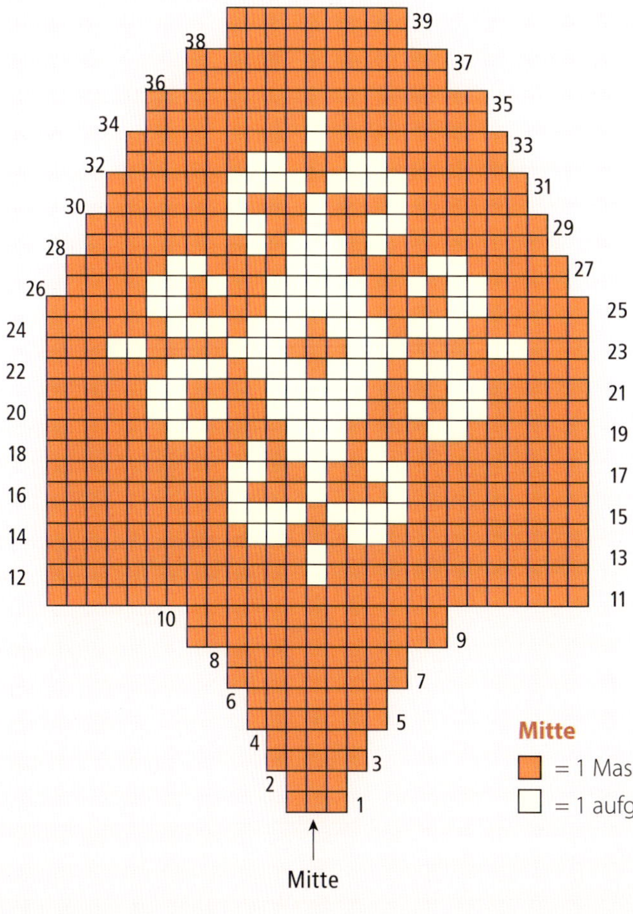

Mitte

- ■ = 1 Masche glatt rechts in Lachs
- □ = 1 aufgestickter Maschenstich in Beige

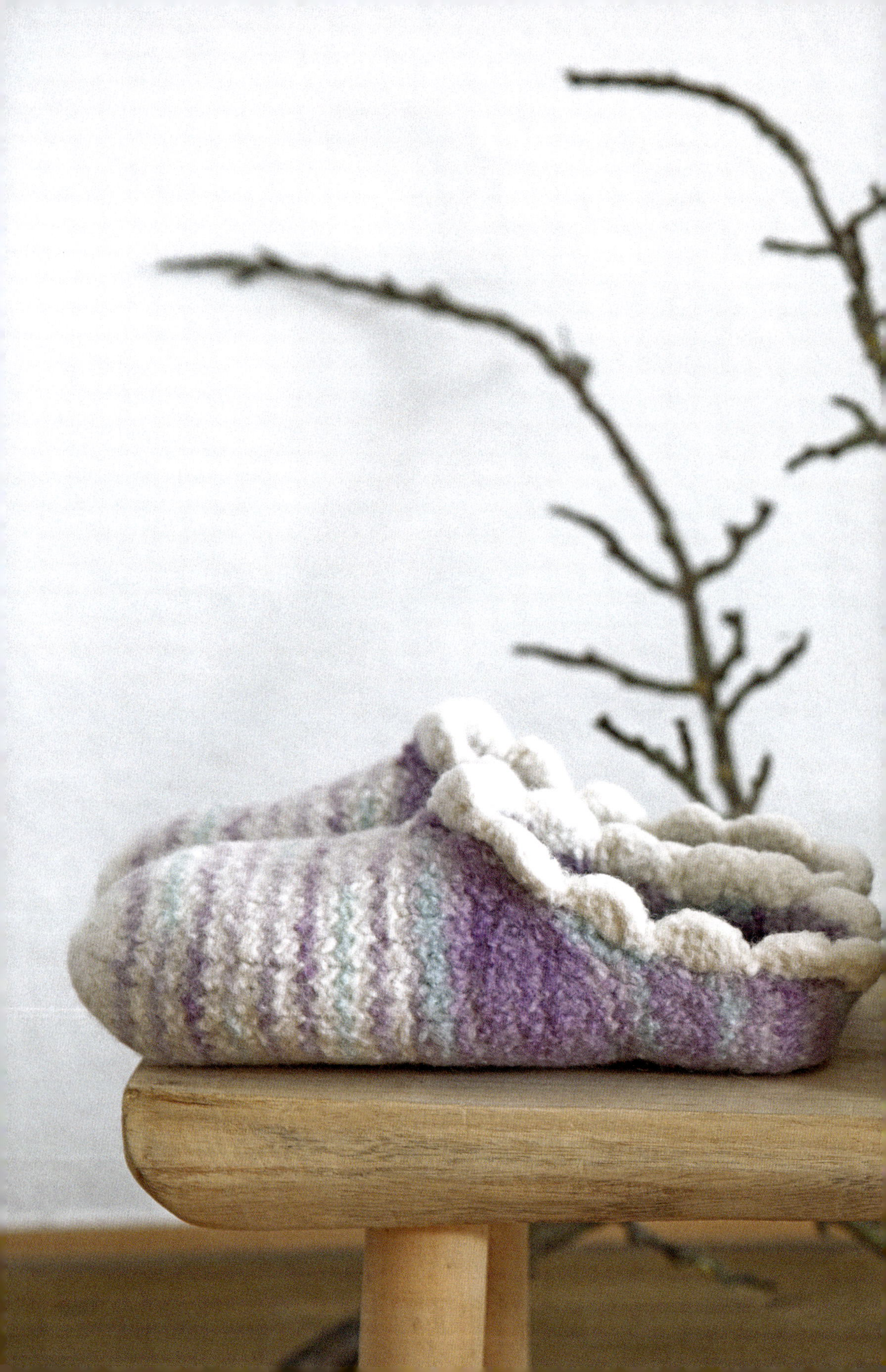

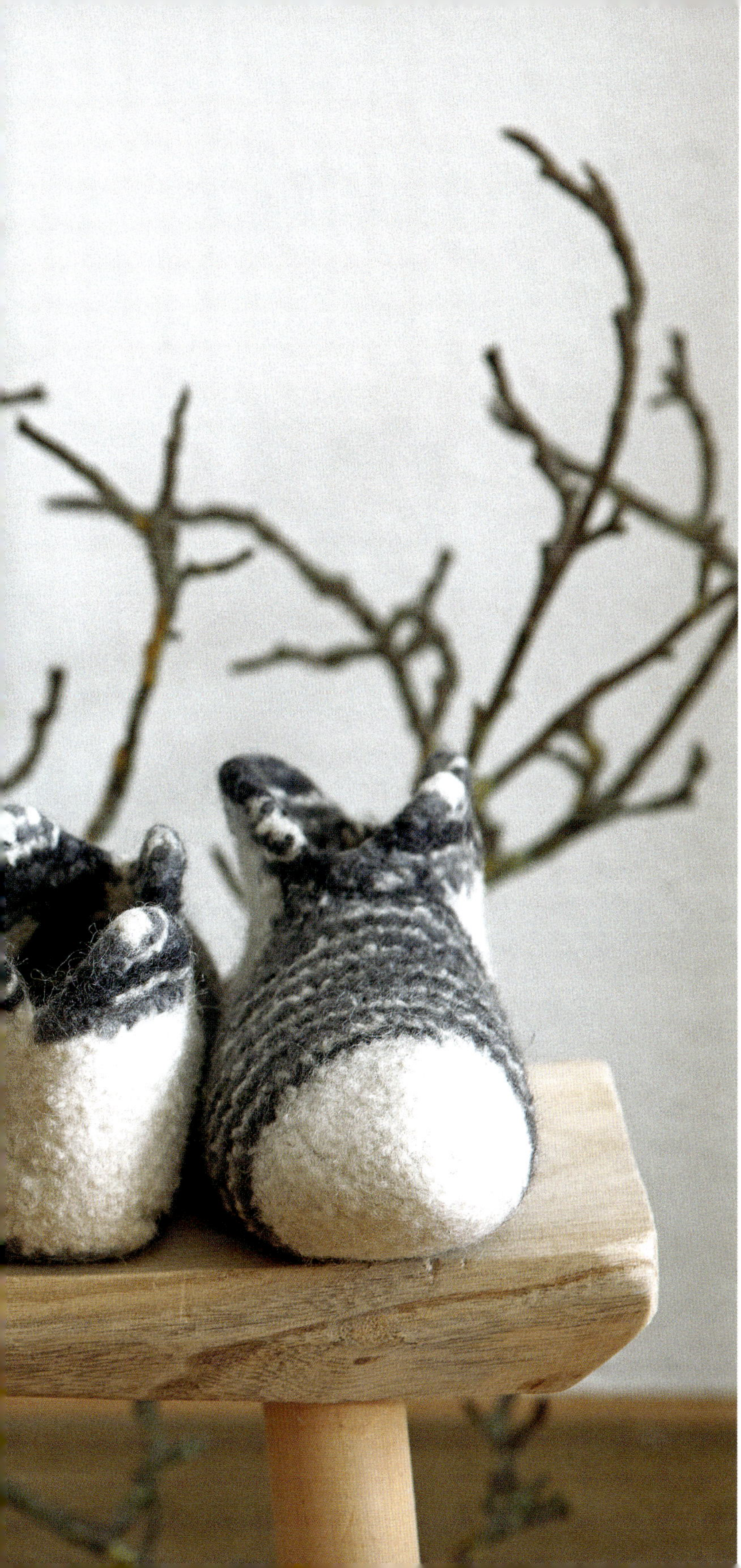

Zart gestreift

Größe: 36/37

Mithilfe der Größentabelle auf Seite 9 können die Hausschuhe auch in anderen Größen gearbeitet werden. Der Garnverbrauch ändert sich dann entsprechend.

Material:

- buttinette Woll Butt Filzwolle (100 % Schurwolle, LL = 50 m/50 g): je 100 g Wollweiß (Fb 99.219.26) und Mauve Color (Fb 99.129.64); Rundstricknadel 7–8 mm; Nadelspiel 7–8 mm; Häkelnadel 8 mm; Wollnadel.

Glatt rechts: In den Hinreihen rechte Maschen, in den Rückreihen linke Maschen stricken.

Glatt rechts in Runden: Stets rechte Maschen stricken.

Streifenfolge: * 2 Runden Wollweiß, 1 Runde Mauve Color, ab * stets wiederholen.

Maschenprobe:

glatt rechts mit Nadeln 7–8 mm: 12 Maschen und 16 Reihen = 10 cm x 10 cm vor dem Filzen und 8 cm x 8 cm nach dem Filzen.

Hinweis: Nach der Grundanleitung **Hausschuhe mit Fersennaht** auf Seite 8 arbeiten. Es werden jedoch zunächst weniger Maschen angeschlagen, dann wird wie beschrieben bis zur erforderlichen Maschenzahl zugenommen.

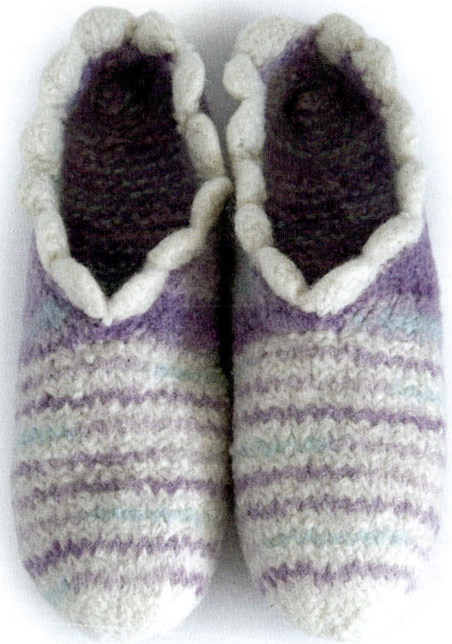

So wird's gemacht

Ein Paar Hausschuhe nach der Grundanleitung arbeiten: Mit der Rundstricknadel 18 Maschen in Mauve Color anschlagen und 16 Reihen glatt rechts stricken. Dann weitere 12 Reihen glatt rechts stricken, dabei in jeder 2. Reihe je 1 Masche zunehmen, bis in der 28. Reihe 30 Maschen auf den Nadeln liegen **(A)**. Über diese 30 Maschen weitere 2 Reihen glatt rechts stricken, dabei in der letzten Rückreihe die erste und die letzte Masche jeweils verdoppeln = 32 Maschen **(C)**. Die Maschen gleichmäßig auf 4 Nadeln des Nadelspiels verteilen (= 8 Maschen pro Nadel), die Arbeit zur Runde schließen, dabei zu Wollweiß wechseln und 25 Runden glatt rechts in der Streifenfolge stricken **(D)**. Anschließend die **Spitze** glatt rechts in Wollweiß nach der Grundanleitung arbeiten: In jeder Runde die ersten 2 Maschen jeder Nadel rechts zusammenstricken, bis nur noch 8 Maschen übrig sind. Hinweis: Je nach Größe können es an dieser Stelle auch 10 Maschen sein! Den Arbeitsfaden abschneiden, durch die restlichen Maschen ziehen, fest zusammenziehen und vernähen. Die Fersennaht wie beschrieben schließen.

An den oberen Rand des Hausschuhs 1 Runde feM in Wollweiß häkeln. Für die Spitzenkante in der nächsten Runde jeweils 3 Luftm und 3 Stb in 1 Masche arbeiten, * 2 Maschen übergehen, 1 feM in die 3. Masche, 3 Luftm und 3 Stb arbeiten, ab * fortlaufend wiederholen, bis der Rand einmal umhäkelt ist. Den **zweiten Hausschuh** ebenso arbeiten.

Fertigstellen

Die Hausschuhe nach Anleitung bei 60 °C in der Waschmaschine filzen (siehe Seite 6). Nach dem Waschen in Form ziehen. Zum Trocknen mit Papier ausstopfen.

Edles Understatement

Größe: 40/41

Mithilfe der Größentabelle auf Seite 11 können die Hausschuhe auch in anderen Größen gearbeitet werden. Der Garnverbrauch ändert sich entsprechend.

Material:

- buttinette Woll Butt Filzwolle (100 % Schurwolle, LL = 50 m/50 g): je 100 g Wollweiß (Fb 99.219.26) und Anthrazit Color (Fb 99.219.36); Rundstricknadel 7–8 mm; Nadelspiel 7–8 mm; Wollnadel.

Glatt rechts: In den Hinreihen rechte Maschen, in den Rückreihen linke Maschen stricken. In Runden stets rechte Maschen stricken.

Kraus rechts: In Hin- und Rückreihen stets rechte Maschen stricken.

Maschenprobe:

glatt rechts mit Nadeln 7–8 mm: 12 Maschen und 16 Reihen = 10 cm x 10 cm vor dem Filzen und 8 cm x 8 cm nach dem Filzen.

Hinweis: Nach der Grundanleitung **Hausschuhe mit Käppchenferse** auf Seite 10 arbeiten. Die farbigen Buchstaben im Anleitungstext verweisen auf die Größentabelle auf Seite 11, in der die Angaben für weitere Größen zu finden sind.

So wird's gemacht

Ein Paar Hausschuhe nach der Grundanleitung arbeiten: 34 Maschen in Wollweiß mit der Rundstricknadel anschlagen **(AA)** und 17 Reihen glatt rechts für die Fersenwand stricken **(BB)**. Dann das Fersenkäppchen gemäß Grundanleitung in Anthrazit Color arbeiten **(CC)**. Nun in Runden arbeiten, dazu aus beiden Seiten der Fersenwand jeweils 12 Maschen aufnehmen **(DD)** und über dem Fuß 4 Maschen neu anschlagen **(EE)**. Anschließend für den Fuß die nun 36 Maschen **(FF)** glatt rechts in Anthrazit Color in Runden stricken, nach 25 Runden zu Wollweiß wechseln und noch 4 Runden in Wollweiß stricken =

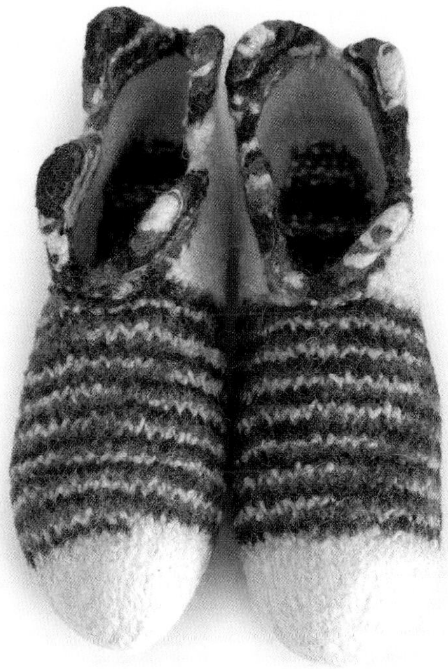

29 Runden **(GG)**. Die **Spitze** nach der Grundanleitung in Wollweiß arbeiten: In jeder Runde die ersten 2 Maschen jeder Nadel zusammenstricken, bis nur noch 8 Maschen übrig sind, **(HH)** und **(II)**. Anschließend den Arbeitsfaden abschneiden, mit der Wollnadel durch die restlichen Maschen ziehen und vernähen.

Dann aus dem oberen Rand des Hausschuhs in Anthrazit Color mit der Rundstricknadel 36 Maschen auffassen und wie folgt insgesamt **4 Zacken** über jeweils 9 Maschen kraus rechts stricken, dabei 3x in jeder 2. Reihe die ersten und letzten 2 Maschen jeder Zacke rechts zusammenstricken (6. Reihe = 3 Maschen). Die restlichen 3 Maschen überzogen zusammenstricken (= 1 Masche abheben, 2 Maschen rechts zusammenstricken und die abgehobene Masche überziehen). Den **zweiten Hausschuh** genauso arbeiten.

Fertigstellen

Die Fäden vernähen und die Hausschuhe nach Anleitung bei 60 °C in der Waschmaschine filzen (siehe Seite 6). Nach dem Waschen in Form ziehen. Zum Trocknen mit Papier ausstopfen.

Tipp

Dieses Modell lässt sich in allen Größen nacharbeiten. Dabei ist zu beachten, dass für die Zacken aus dem Schuhrand eine ungerade Maschenzahl aufgefasst werden muss. Die Zacken können dann nach dem gleichen Prinzip auch über weniger Maschen gestrickt werden, dabei können auch fünf oder sechs Zacken entstehen.

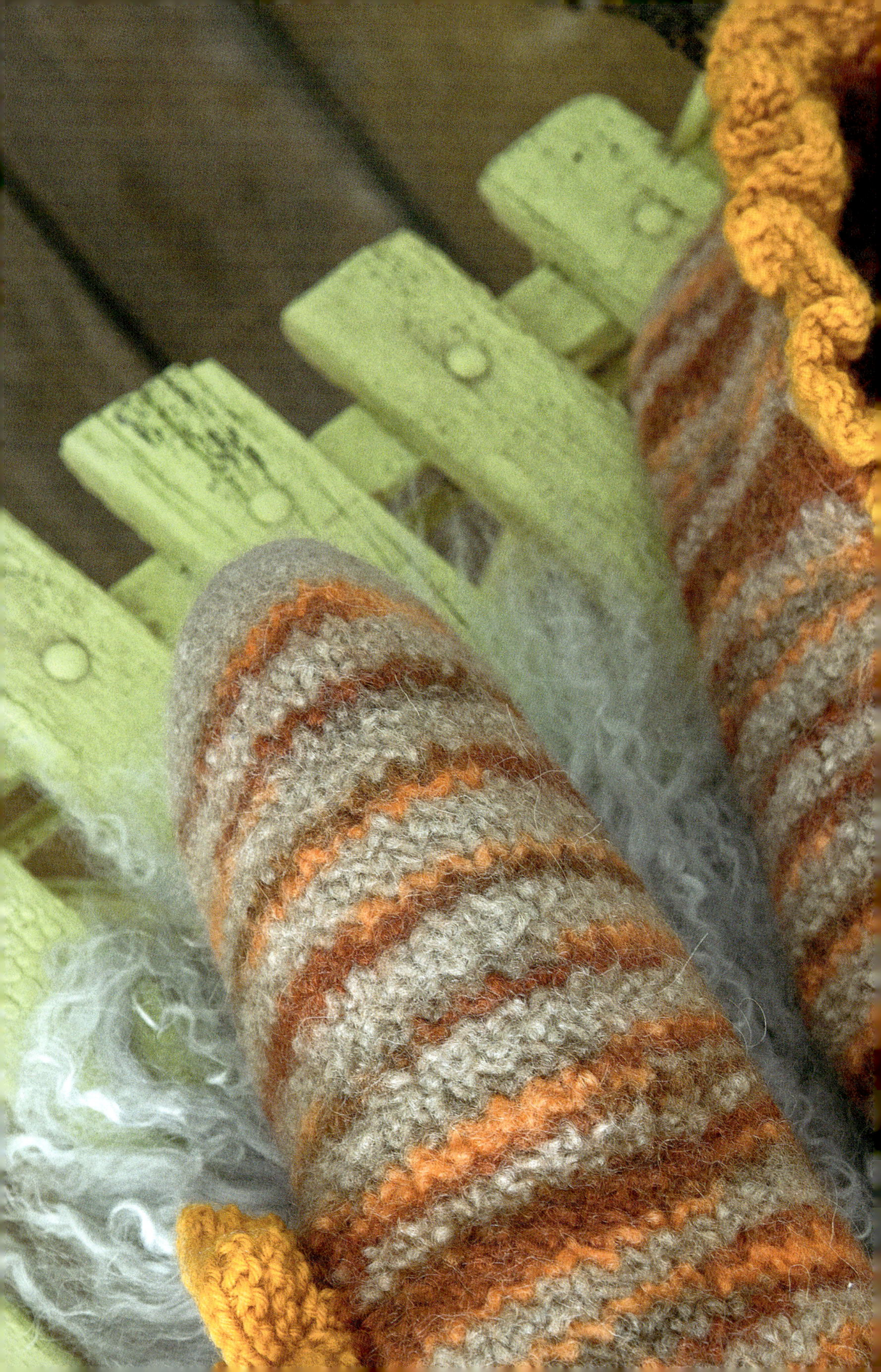

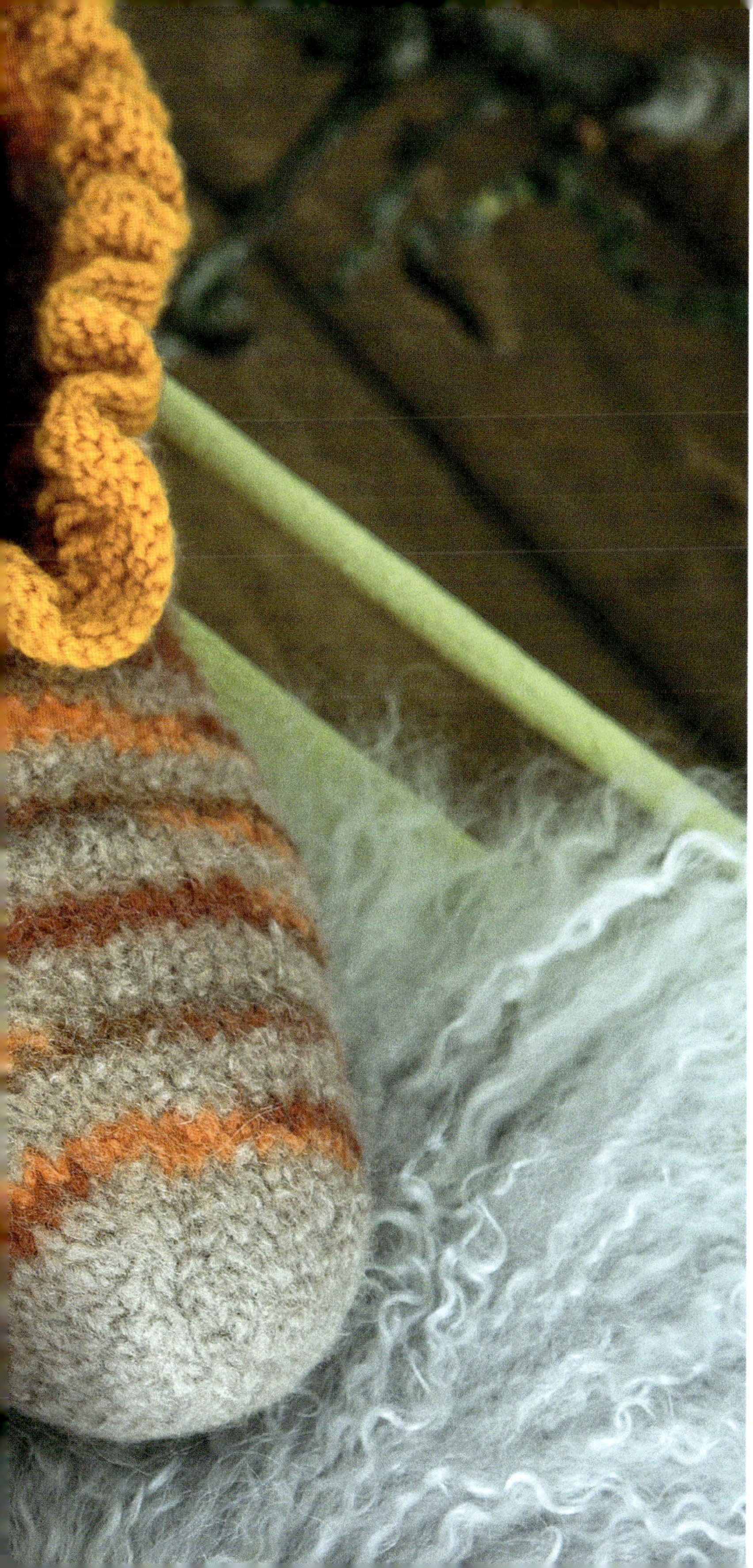

Herbstlaub

Größe: 38/39

Mithilfe der Größentabelle auf Seite 9 können die Hausschuhe auch in anderen Größen gearbeitet werden. Der Garnverbrauch ändert sich entsprechend.

Material:

- buttinette Woll Butt Filzwolle (100 % Schurwolle, LL = 50 m/50 g): je 100 g Beige (Fb 99.115.53) und Herbst Color (Fb 99.219.40); buttinette Woll Butt Strumpfgarn Socke 6-fädig (75 % Schurwolle, 25 % Polyamid; LL = 130 m/50 g): 50 g Mandarine (Fb 99.271.49); eine 60 cm lange Rundstricknadel 7–8 mm; je 1 Nadelspiel 4 mm und 7–8 mm; Häkelnadel 4 mm.

Glatt rechts: In den Hinreihen rechte Maschen, in den Rückreihen linke Maschen stricken. In Runden stets rechte Maschen stricken.

Kraus rechts: In Hin- und Rückreihen stets rechte Maschen stricken. In Runden 1 Runde rechte Maschen und 1 Runde linke Maschen im Wechsel stricken.

Maschenprobe:

glatt rechts mit Nadeln 7–8 mm: 12 Maschen und 16 Reihen = 10 cm x 10 cm vor dem Filzen und 8 cm x 8 cm nach dem Filzen.

Hinweis: Nach der Grundanleitung **Hausschuhe mit Fersennaht** auf Seite 8 arbeiten. Die farbigen Buchstaben im Anleitungstext verweisen auf die Größentabelle auf Seite 9, in der die Angaben für weitere Größen zu finden sind.

So wird's gemacht

Ein Paar Hausschuhe nach der Grundanleitung arbeiten: 32 Maschen in Herbst Color mit der Rundstricknadel 7–8 mm anschlagen **(A)** und wie folgt glatt rechts stricken: 3 Reihen in Herbst Color, * 2 Reihen in Beige, 4 Reihen in Herbst Color, ab * stets wiederholen, bis 33 Reihen erreicht sind **(B)**, dabei in der letzten Rückreihe die erste und die letzte Masche jeweils verdoppeln = 34 Maschen **(C)**. Die Maschen auf 4 Nadeln des Nadelspiels verteilen (8-9-8-9 Maschen), die Arbeit zur Runde schließen und wie folgt glatt rechts stricken: * 4 Runden Beige, 2 Runden Herbst Color, ab * stets wiederholen. Nach 27 Runden **(D)** die **Spitze** glatt rechts nach der Grundanleitung arbeiten: In jeder Runde die ersten 2 Maschen jeder Nadel zusammenstricken, bis nur noch 10 Maschen übrig sind. Hinweis: Je nach Größe können es an dieser Stelle auch nur 8 Maschen sein! Den Arbeitsfaden abschneiden, durch die restlichen Maschen ziehen und die Fersennaht wie beschrieben schließen.

Die obere Kante mit feM in Mandarine behäkeln (ca. 36 Maschen). Zur Runde schließen, die Arbeit beenden und den Faden abschneiden. Mit dem Nadelspiel 4 mm aus der oberen Kante in Mandarine wieder neue Maschen auffassen, dazu jeweils 1 Masche aus dem vorderen und dem hinteren Maschenglied jeder Masche herausstricken = 18 Maschen pro Nadel bzw. 72 Maschen insgesamt. In der folgenden Runde jede

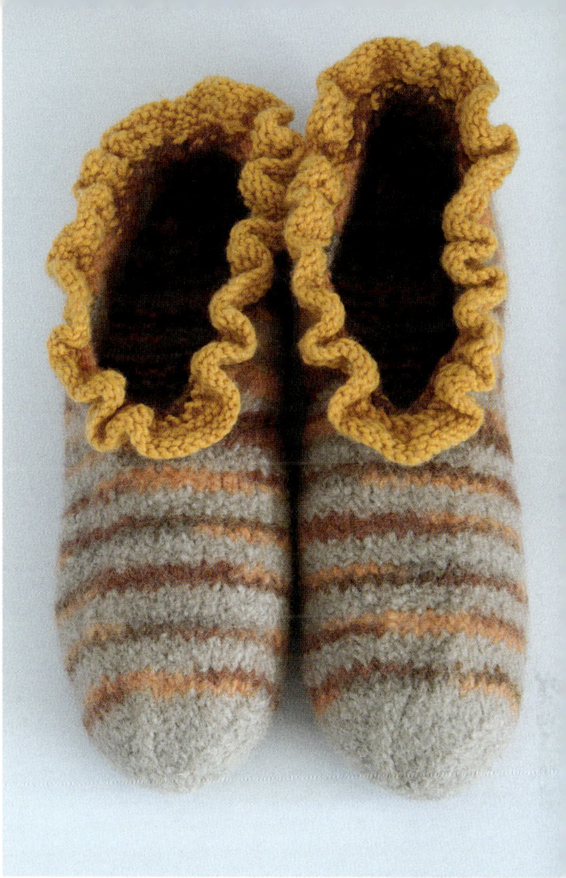

Masche verdoppeln (= jede Masche einmal von vorne und einmal von hinten rechts abstricken, dann erst von der linken Nadel heben). Nun 4 Runden kraus rechts stricken, dann alle Maschen locker abketten. Die Fersennaht wie beschrieben schließen. Den **zweiten Hausschuh** ebenso arbeiten.

Fertigstellen

Die Fäden vernähen und die Hausschuhe nach Anleitung bei 60 °C in der Waschmaschine filzen (siehe Seite 6), das Sockengarn verfilzt dabei nicht. Nach dem Waschen in Form ziehen. Zum Trocknen mit Papier ausstopfen.

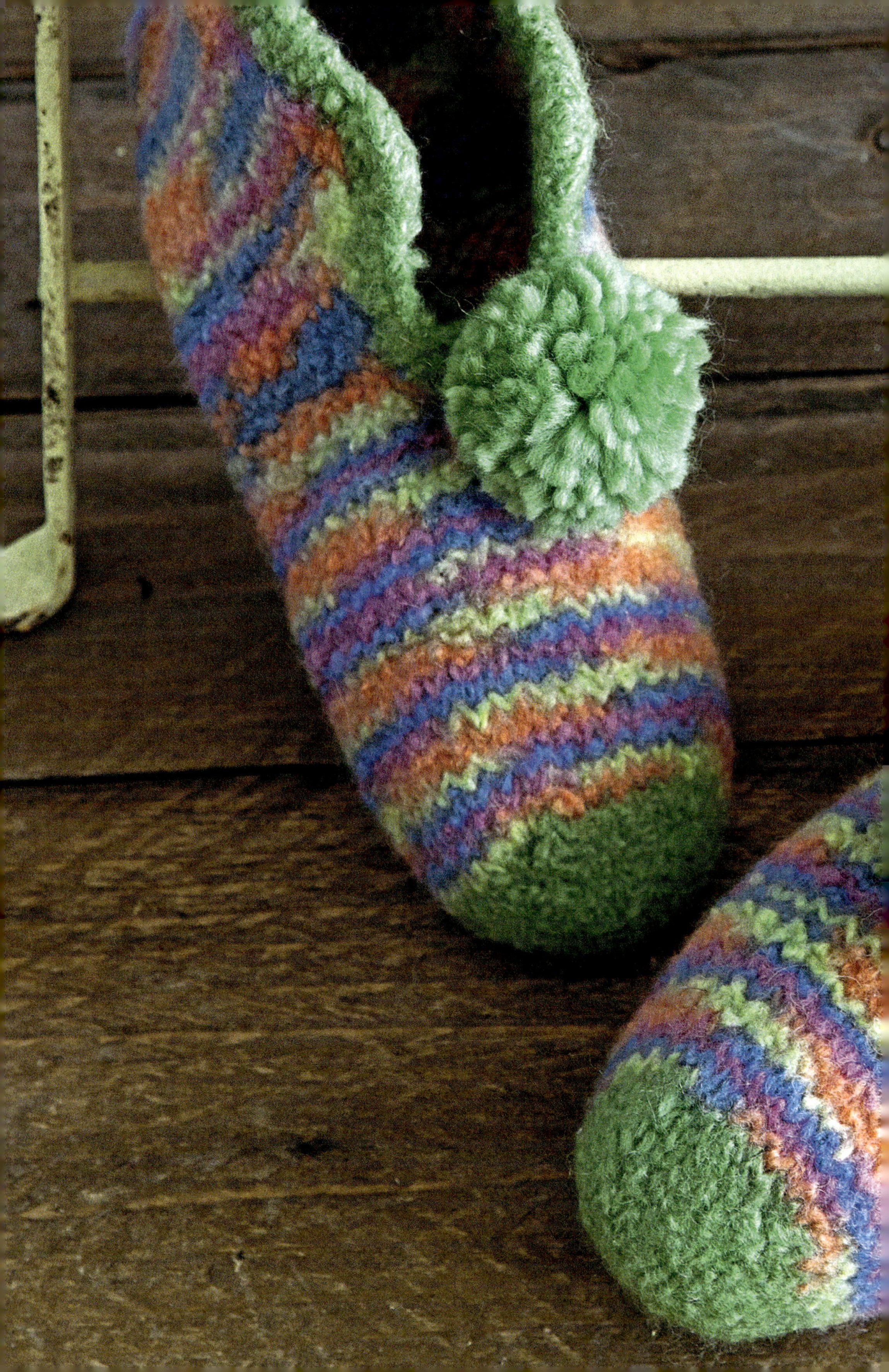

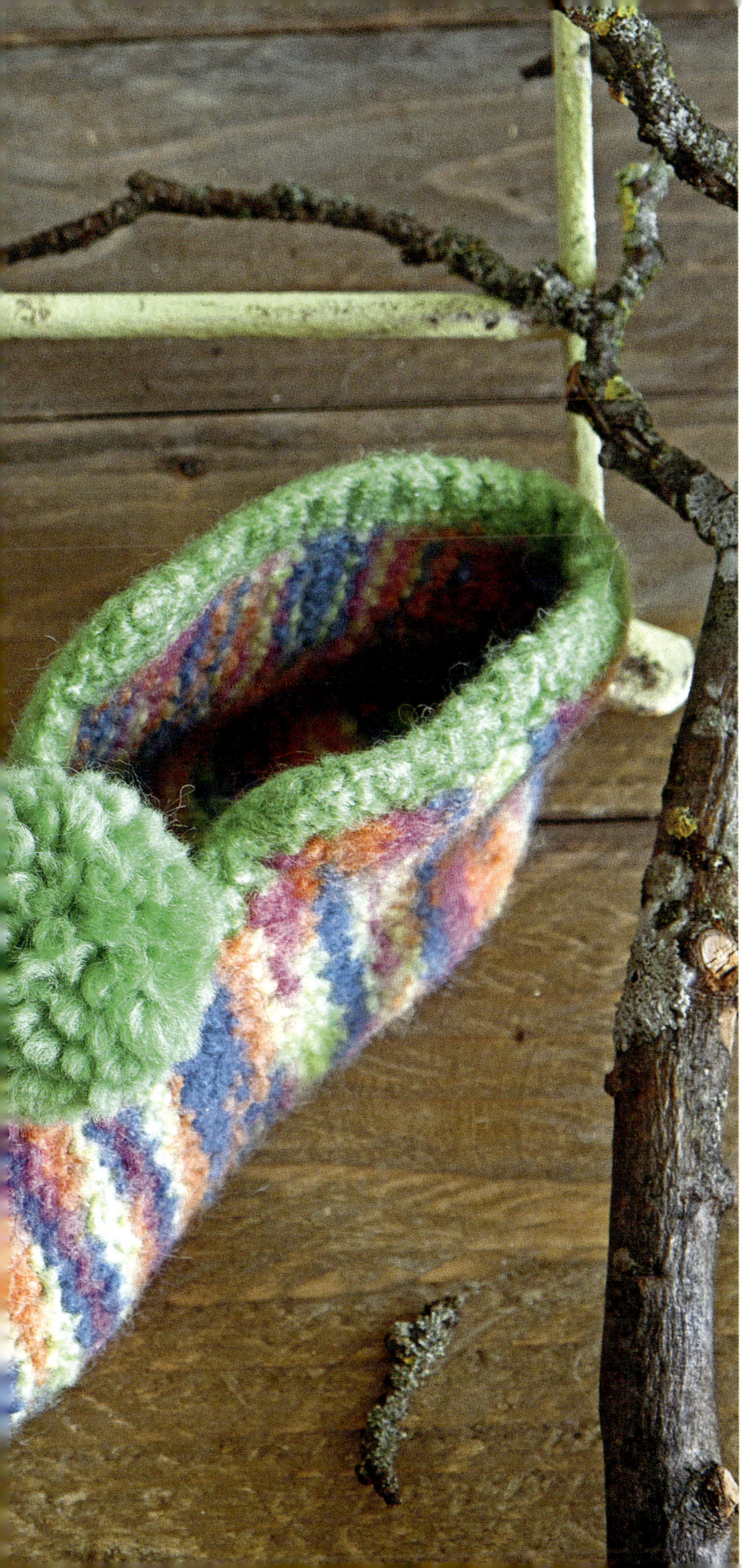

Frech, fröhlich, bunt

Größe: 38/39

Mithilfe der Größentabelle auf Seite 9 können die Hausschuhe auch in anderen Größen gearbeitet werden. Der Garnverbrauch ändert sich entsprechend.

Material:

- buttinette Woll Butt Filzwolle (100 % Schurwolle, LL = 50 m/50 g): 200 g Bunt Color (Fb 99.115.51) und 50 g Hellgrün (Fb 99.228.16); Rundstricknadel 7–8 mm; Nadelspiel 7–8 mm; Häkelnadel 8 mm; Lana Grossa Pomponset; Wollnadel.

Glatt rechts: In den Hinreihen rechte Maschen, in den Rückreihen linke Maschen stricken. In Runden stets rechte Maschen stricken.

Maschenprobe:

glatt rechts mit Nadeln 7–8 mm: 12 Maschen und 16 Reihen = 10 cm x 10 cm vor dem Filzen und 8 cm x 8 cm nach dem Filzen.

Hinweis: Nach der Grundanleitung **Hausschuhe mit Fersennaht** auf Seite 8 arbeiten. Die farbigen Buchstaben im Anleitungstext verweisen auf die Größentabelle auf Seite 9, in der die Angaben für weitere Größen zu finden sind.

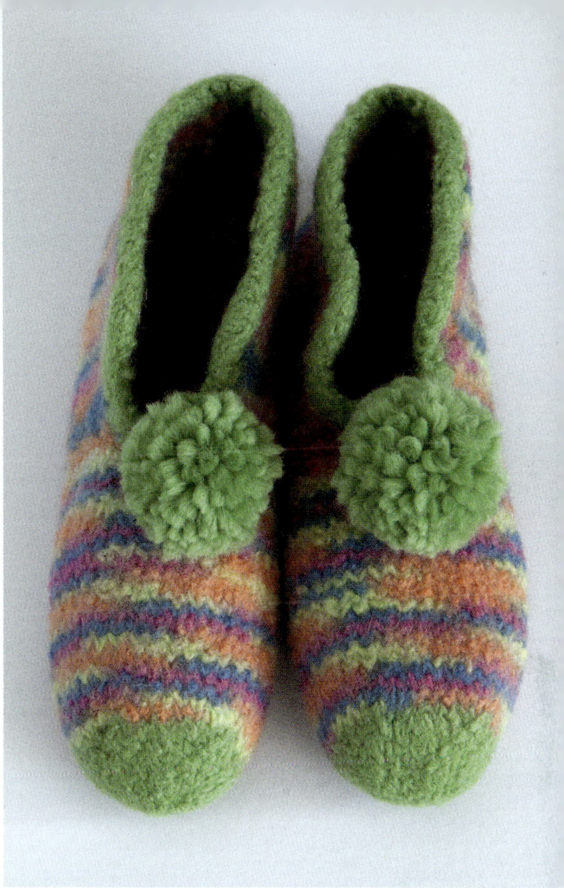

So wird's gemacht

Ein Paar Hausschuhe nach der Grundanleitung arbeiten: 32 Maschen in Bunt Color mit der Rundstricknadel 7–8 mm anschlagen **(A)** und 33 Reihen glatt rechts stricken **(B)**, dabei in der letzten Rückreihe die erste und die letzte Masche jeweils verdoppeln = 34 Maschen **(C)**. Die Maschen auf 4 Nadeln des Nadelspiels verteilen (8-9-8-9 Maschen), die Arbeit zur Runde schließen und 27 Runden glatt rechts stricken **(D)**. Dann die **Spitze** in Hellgrün nach der Grundanleitung arbeiten: In jeder Runde die ersten 2 Maschen jeder Nadel zusammenstricken, bis nur noch 10 Maschen übrig sind. Hinweis: Je nach Größen können es an dieser Stelle auch nur 8 Maschen sein. Den Arbeitsfaden abschneiden, durch die restlichen 10 Maschen ziehen und die Fersennaht wie beschrieben schließen.

Den oberen **Rand** des Hausschuhs mit 2 Runden feM in Hellgrün behäkeln. Dabei in die Ecken jeweils 3 feM arbeiten. Den **zweiten Hausschuh** genauso arbeiten.

Fertigstellen

Die Fäden vernähen und die Hausschuhe nach Anleitung bei 60 °C in der Waschmaschine filzen (siehe Seite 6). Nach dem Waschen in Form ziehen. Zum Trocknen mit Papier ausstopfen. 2 Pompons mit 5,5 cm Durchmesser in Hellgrün wickeln und je 1 Pompon mittig auf jeden Hausschuh nähen.

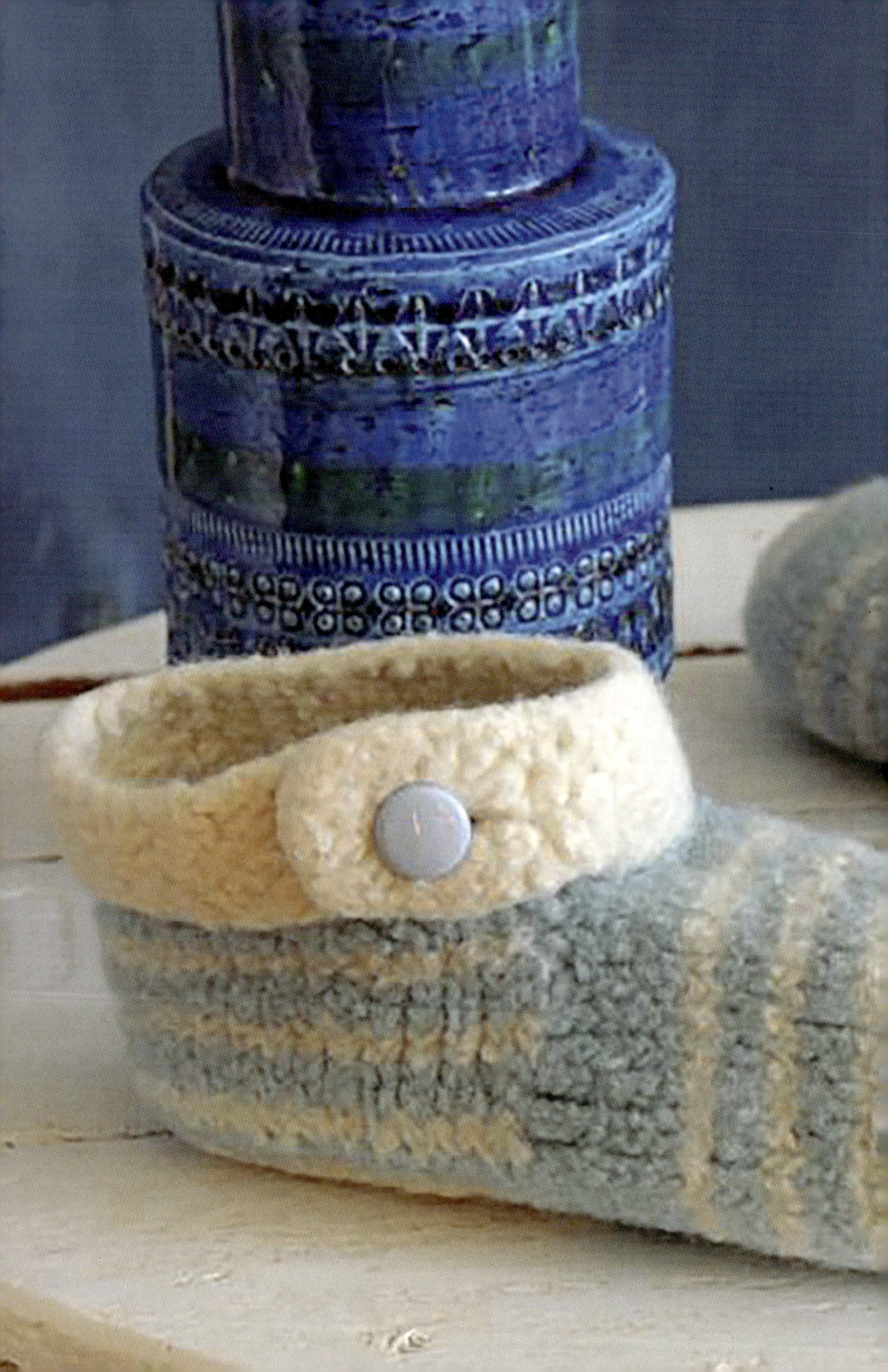

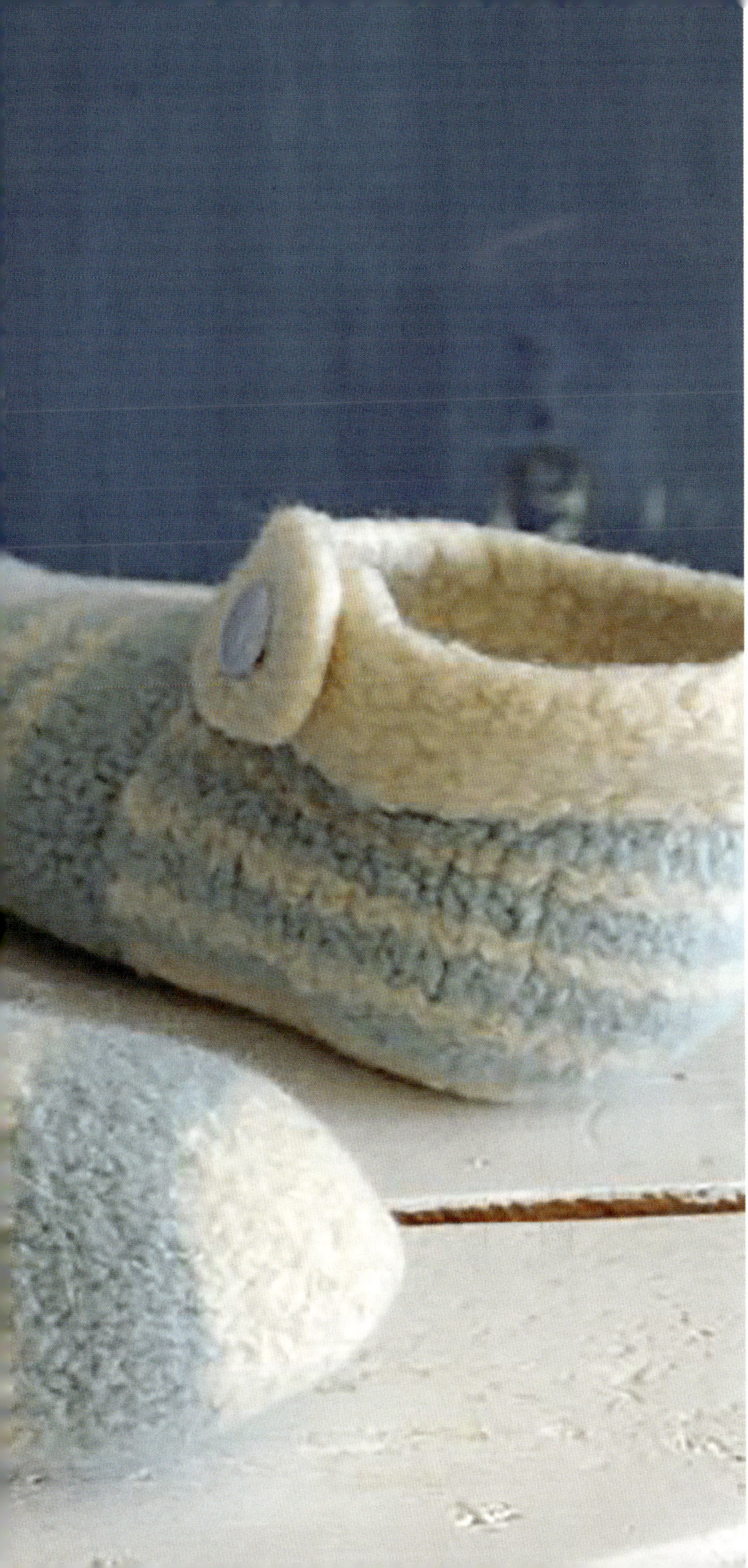

In Mint und Weiß mit Knopf

Größe: 38/39

Mithilfe der Größentabelle auf Seite 11 können die Hausschuhe auch in anderen Größen gearbeitet werden. Der Garnverbrauch ändert sich entsprechend.

Material:

- Strickfilzwolle (100 % Schurwolle, LL = 50 m/50 g): je 100 g Wollweiß (Fb 99.219.26) und Mint (Fb 99.115.52); Rundstricknadel 7–8 mm; Nadelspiel 7–8 mm; Wollnadel; 2 passende Knöpfe (z. B. in Herzform).

Glatt rechts: In den Hinreihen rechte Maschen, in den Rückreihen linke Maschen stricken.

Glatt rechts in Runden: Stets rechte Maschen stricken.

Streifenfolge Fersenwand: * 2 Reihen Mint, 2 Reihen Wollweiß, ab * 4x arbeiten, enden mit 1 Reihe Wollweiß (= 17 Reihen).

Streifenfolge Fuß: 6 Runden Mint, * 2 Runden Wollweiß, 2 Runden Mint, ab * 3x arbeiten, 2 Runden Wollweiß, 6 Runden Mint (= 26 Runden).

Kleines Perlmuster: 1 Masche rechts, 1 Masche links im Wechsel stricken. Das Muster in jeder Reihe um 1 Masche versetzen.

Maschenprobe:

glatt rechts mit Nadeln 7–8 mm: 12 Maschen und 16 Reihen = 10 cm x 10 cm vor dem Filzen und 8 cm x 8 cm nach dem Filzen.

Hinweis: Nach der Grundanleitung **Hausschuhe mit Käppchenferse** auf Seite 10 arbeiten. Die farbigen Buchstaben im Anleitungstext verweisen auf die Größentabelle auf Seite 11, in der die Angaben für weitere Größen zu finden sind.

So wird's gemacht

Ein Paar Hausschuhe nach der Grundanleitung arbeiten: 32 Maschen in Mint mit der Rundstricknadel anschlagen **(AA)** und 17 Reihen glatt rechts in der Streifenfolge für die Fersenwand stricken **(BB)**. Dann das Fersenkäppchen gemäß Grundanleitung in Wollweiß arbeiten **(CC)**. Nun in Runden arbeiten, dazu aus beiden Seiten der Fersenwand jeweils 11 Maschen aufnehmen **(DD)** und über dem Fuß 4 Maschen neu anschlagen **(EE)**. Anschließend für den Fuß die nun 34 Maschen **(FF)** glatt rechts in Runden stricken, dabei die Streifenfolge fortführen. Nach 27 Runden in der Streifenfolge **(GG)** die Maschen auf dem Nadelspiel weiterarbeiten (8-9-8-9 Maschen) und die **Spitze** nach der Grundanleitung in Wollweiß arbeiten: In jeder Runde die ersten 2 Maschen jeder Nadel zusammenstricken, bis nur noch 8 Maschen übrig sind, **(HH)** und **(II)**. Anschließend den Arbeitsfaden abschneiden, mit der Wollnadel durch die restlichen Maschen ziehen und vernähen.

Aus dem oberen Rand des Hausschuhs in Wollweiß 38 Maschen auffassen und für den **Riegel** am Ende noch 9 Maschen dazu anschlagen. Hinweis: Für andere Größen diese Maschenzahl individuell anpassen. Über diese Maschen 5 Reihen im kleinen Perlmuster stricken, dabei in der 5. Reihe auf dem Riegel das Knopfloch arbeiten (= 3 Maschen stricken, 3 Maschen abketten, die restlichen Maschen der Reihe stricken. In der folgenden Reihe die abgeketteten Maschen wieder neu anschlagen.) Nach insgesamt 8 Reihen alle Maschen abketten.

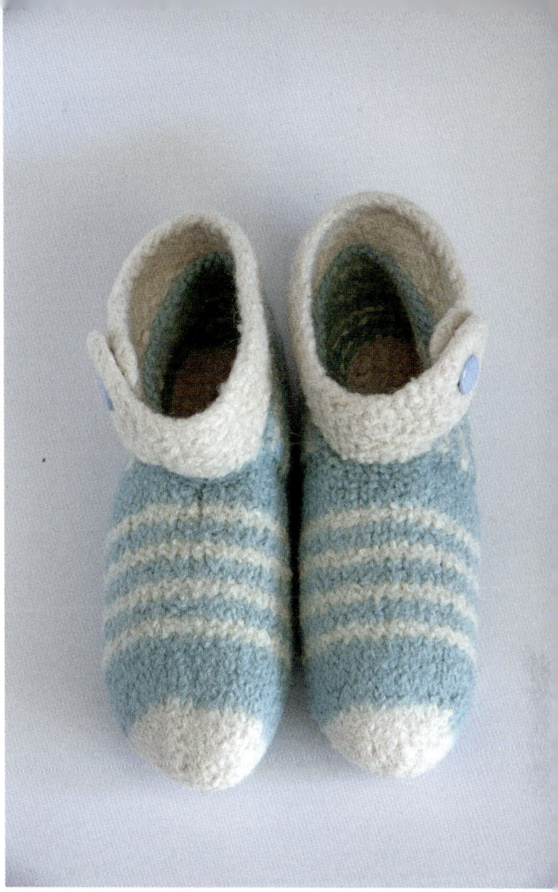

Den **zweiten Hausschuh** genauso arbeiten, nur den Riegel gegengleich arbeiten. Dazu erst 9 Maschen anschlagen und dann 38 Maschen aus dem Schuhrand auffassen.

Fertigstellen

Die Fäden vernähen und die Hausschuhe nach Anleitung bei 60 °C in der Waschmaschine filzen (siehe Seite 6). Nach dem Waschen in Form ziehen. Zum Trocknen mit Papier ausstopfen. Nach dem Trocknen die Knöpfe jeweils passend zum Knopfloch auf dem Riegel aufnähen.

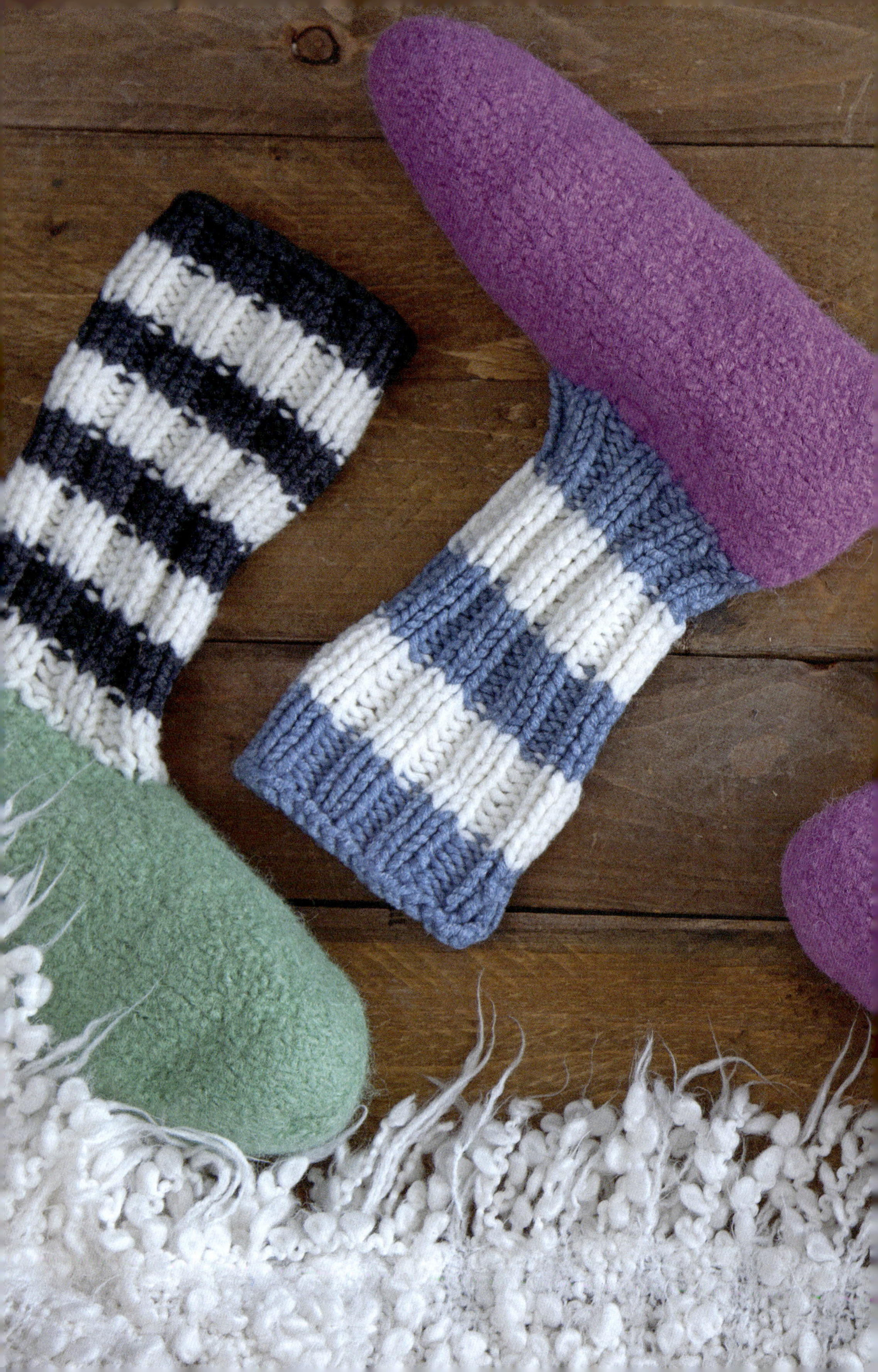

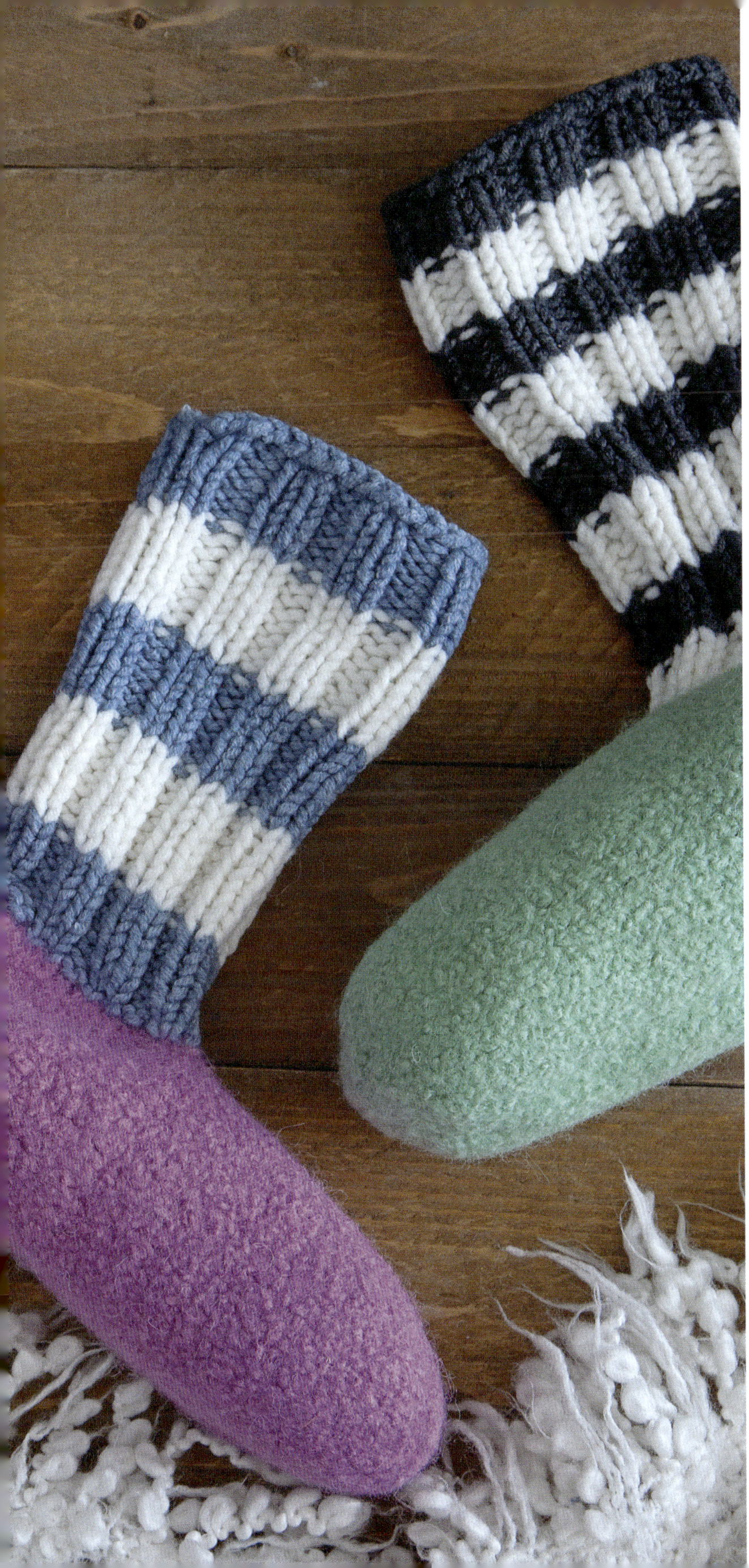

Warm, wärmer, am wärmsten

Größe: nach Belieben wählbar, siehe Tabelle auf Seite 9

Material:

- Lana Grossa Feltro (100 % Schurwolle; LL = 50 m/50 g): für Farbvariante 1 Oliv (Fb 21) und für Farbvariante 2 Erika (Fb 69), Verbrauch je nach Größe, siehe Tabelle Seite 9; Lana Grossa Mille II (50 % Schurwolle Merino, 50 % Polyacryl, LL = 55 m/50 g): zusätzlich für Farbvariante 1 noch je 50 g Anthrazit (Fb 068) und Rohweiß (Fb 17) und für Farbvariante 2 noch je 50 g Rauchblau (Fb 123) und Rohweiß (Fb 17); je 1 Nadelspiel 5 mm und 7–8 mm.

Glatt rechts: In Hinreihen rechte Maschen, in Rückreihen linke Maschen stricken. In Runden nur rechte Maschen stricken.

Rippenmuster: In Runden 2 Maschen rechts und 2 Maschen links im Wechsel stricken.

Streifenfolge für Variante 1: * 5 Runden Rohweiß, 5 Runden in Anthrazit, ab * 4x arbeiten = 40 Runden.

Streifenfolge für Variante 2: * 8 Runden in Rauchblau, 8 Runden in Rohweiß, ab * 2x arbeiten und das Bündchen mit 8 Runden in Rauchblau beenden = 40 Runden.

Maschenprobe:

glatt rechts mit Nadeln 7–8 mm: 12 Maschen und 16 Reihen = 10 cm x 10 cm vor dem Filzen und 8 cm x 8 cm nach dem Filzen.

Hinweis: Nach der Grundanleitung **Hausschuhe mit Fersennaht** auf Seite 8 arbeiten. Die farbigen Buchstaben im Anleitungstext verweisen auf die Größentabelle auf Seite 9, in der die Angaben für unterschiedliche Größen zu finden sind.

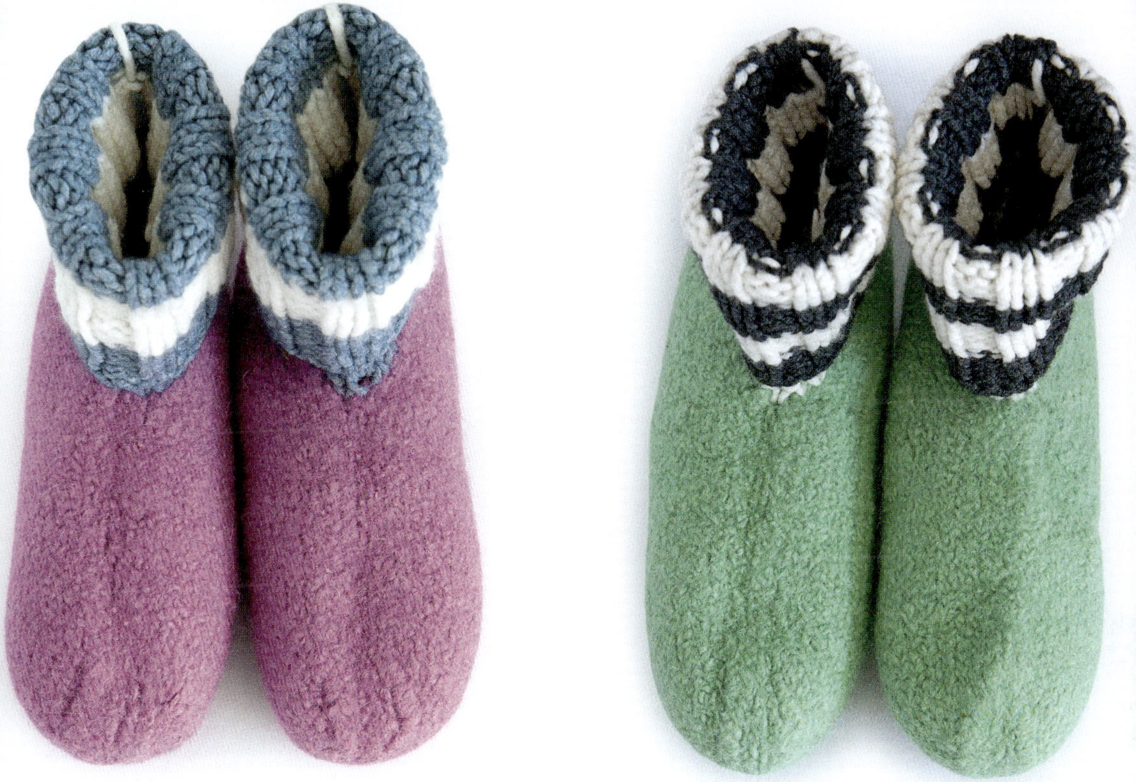

So wird's gemacht

Ein Paar Hausschuhe mit Fersennaht in der gewünschten Größe vollständig nach der Grundanleitung auf Seite 8 arbeiten: für Farbvariante 1 in Oliv und für Farbvariante 2 in Erika stricken. Dann die hintere Naht im Maschenstich schließen, die Schuhe aber noch nicht filzen.

Für das **Bündchen** mit Nadeln 5 mm für Farbvariante 1 mit Rohweiß, für Farbvariante 2 mit Rauchblau aus der Kante gleichmäßig verteilt 24 Maschen (bis Größe 35) bzw. 28 Maschen (für Größe 36–41) bzw. 32 Maschen (für Größe 42–46) herausstricken. Die Abstände zwischen den Maschen schließen sich beim anschließenden Waschen, da der Schuh beim Filzen einschrumpft, das Bündchen durch den Polyacrylanteil des Garns aber seine Größe behält. Das Bündchen im Rippenmuster in der jeweiligen Streifenfolge arbeiten. Dann alle Maschen locker abketten. Den **zweiten Hausschuh** genauso arbeiten.

Fertigstellen

Die Fäden vernähen und die Hausschuhe nach Anleitung bei 30–40 °C in der Waschmaschine filzen (siehe Seite 6). Nach dem Waschen in Form ziehen. Zum Trocknen mit Papier ausstopfen.

A star is born

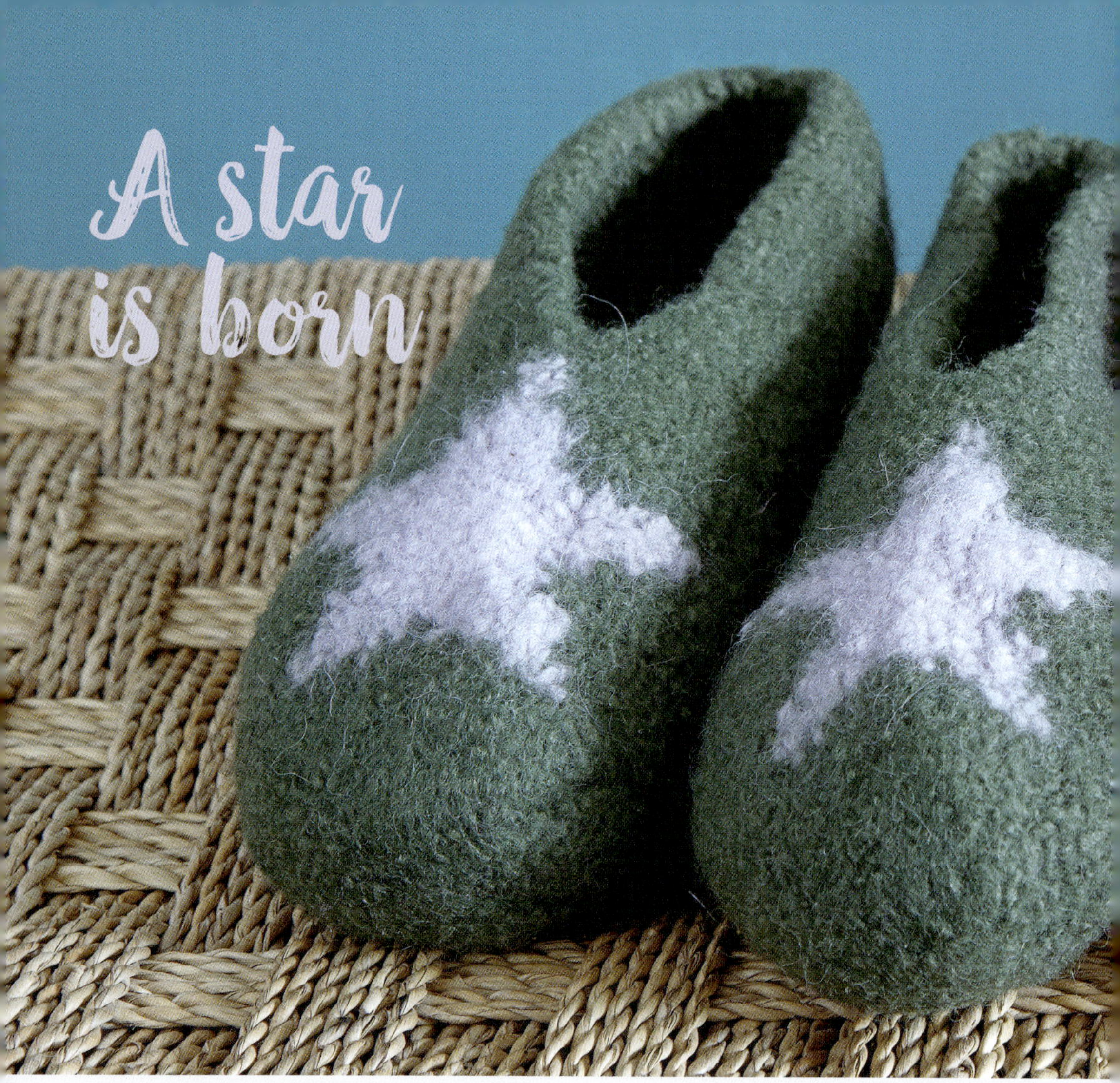

Größe: 38/39

Mithilfe der Größentabelle auf Seite 9 können die Hausschuhe auch in anderen Größen gearbeitet werden. Der Garnverbrauch ändert sich entsprechend.

Material:

- Lana Grossa Feltro (100 % Schurwolle, LL = 50 m/50 g): für Farbvariante 1 150 g Erika (Fb 69) und 50 g Dunkeloliv (Fb 86) und für Farbvariante 2 150 g Dunkeloliv (Fb 86) und 50 g Flieder (Fb 99); Stricknadeln 7–8 mm; Nadelspiel 7–8 mm.

Glatt rechts: In Hinreihen rechte Maschen, in Rückreihen linke Maschen stricken. In Runden stets rechte Maschen stricken.

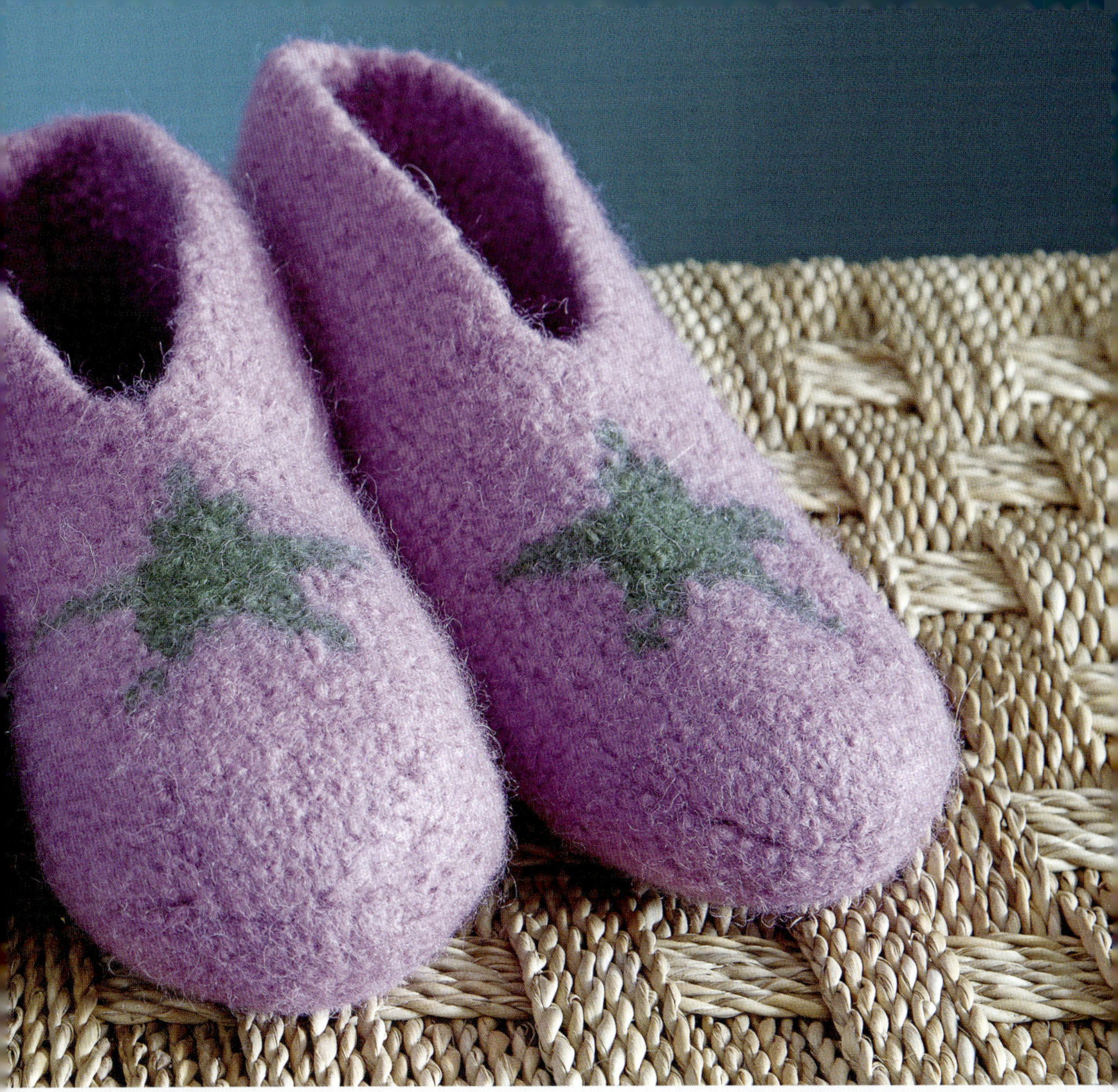

Randmasche: Die erste und letzte Masche jeder Reihe stets rechts stricken.

Motiv Stern: Glatt rechts nach dem Zählmuster stricken: Für Größe 30/31–38/39 den kleinen Stern, für Größe 40/41–46/47 den großen Stern arbeiten. Das Motiv über 11 (13) Maschen und 16 (20) Runden/Reihen in Intarsientechnik in der Kontrastfarbe einstricken. Für jede Farbfläche ein Knäuel verwenden. Die Fäden an allen Farbübergängen verkreuzen.

Maschenprobe:

glatt rechts mit Nadeln 7–8 mm: 12 Maschen und 16 Reihen = 10 cm x 10 cm vor dem Filzen und 8 cm x 8 cm nach dem Filzen.

Hinweis: Nach der Grundanleitung **Hausschuhe mit Fersennaht** auf Seite 8 stricken. Die farbigen Buchstaben im Anleitungstext verweisen auf die Größentabelle auf Seite 9, in der die Angaben für weitere Größen zu finden sind.

A star is born

So wird's gemacht

Ein Paar Hausschuhe nach der Grundanleitung arbeiten: 32 Maschen in der jeweiligen Hauptfarbe mit der Rundstricknadel 7–8 mm anschlagen **(A)** und 33 Reihen glatt rechts mit Randmaschen an beiden Seiten arbeiten **(B)**, dabei in der letzten Rückreihe die erste und die letzte Masche jeweils verdoppeln = 34 Maschen **(C)**. Die Maschen zur Runde schließen und auf 3 Nadeln eines Nadelspiels verteilen: die Hälfte der Maschen liegt auf der 1. Nadel, je ¼ der Maschen liegen auf der 2. und 3. Nadel. Den Rundenübergang markieren, er liegt für den rechten Schuh zwischen Nadel 1 und Nadel 2 und für den linken Schuh zwischen Nadel 3 und Nadel 1, also jeweils an der Innenseite des Fußes.

6 Runden stricken, dann den Stern nach Zählmuster einsticken. Bei einer geraden Maschenzahl auf der 1. Nadel liegt beim rechten Schuh 1 Masche mehr hinter dem Stern, beim linken Schuh 1 Masche mehr vor dem Stern. Je nach Größe die ersten 3 Runden des kleinen Sterns bzw. die ersten 4 Runden des großen Sterns nach dem Zählmuster einstricken. Dann das Motiv weiter in Hin- und Rückreihen arbeiten, damit keine langen Spannfäden entstehen. Für die spätere Naht beim linken Schuh die letzte Masche der 3. Nadel, beim rechten Schuh die 1. Masche der 2. Nadel verdoppeln = 1 Zunahme.

Wenn das Motiv vollständig eingestrickt ist, die Maschen wieder zur Runde schließen, die zuvor zugenommene Masche rechts zusammenstricken und noch 5 Runden in der Hauptfarbe glatt rechts stricken = 27 Runden. Hinweis: Für andere Größen den Stern in der Mitte der Rundenzahl bis zur Spitze **(D)** arbeiten, bei kleineren Größen also entsprechend weniger Runden vor und nach dem Einstrickmuster arbeiten, bei größeren Größen gegebenenfalls mehr Runden.

Die Maschen auf 4 Nadeln des Nadelspiels verteilen (= 8-9-8-9 Maschen) und die **Spitze** glatt rechts nach der Grundanleitung in der Hauptfarbe arbeiten: In jeder Runde die ersten 2 Maschen jeder Nadel zusammenstricken, bis nur noch 10 Maschen übrig sind. Hinweis: Je nach Größen können es an dieser Stelle auch nur 8 Maschen sein! Den Arbeitsfaden abschneiden, durch die restlichen Maschen ziehen, fest zusammenziehen und vernähen. Die Fersennaht wie beschrieben schließen. Den **zweiten Hausschuh** genauso arbeiten.

Fertigstellen

Die Fäden vernähen und die Hausschuhe nach Anleitung bei 30–40 °C in der Waschmaschine filzen (siehe Seite 6). Nach dem Waschen in Form ziehen. Zum Trocknen mit Papier ausstopfen. Um nicht auszurutschen, die Sohlen mit flüssigem Latex, z. B. »Stop & Go Latexmilch« von Lana Grossa (im Wollfachhandel erhältlich) bestreichen, um so einen Antirutsch-Effekt von Stoppersocken zu erzielen.

Großer Stern

Größe 40–46

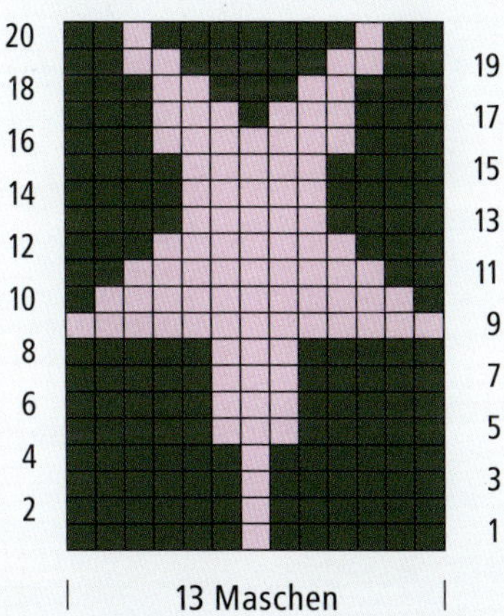

Kleiner Stern

Größe 30–39

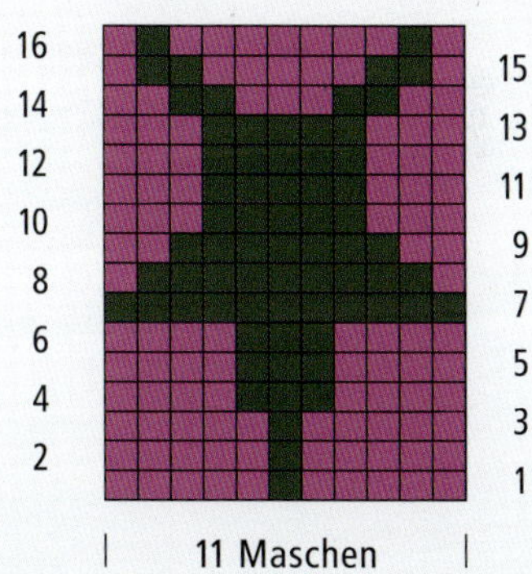

■ = 1 Masche glatt rechts in Dunkeloliv

■ = 1 Masche glatt rechts in Flieder

□ = 1 Masche glatt rechts in Erika

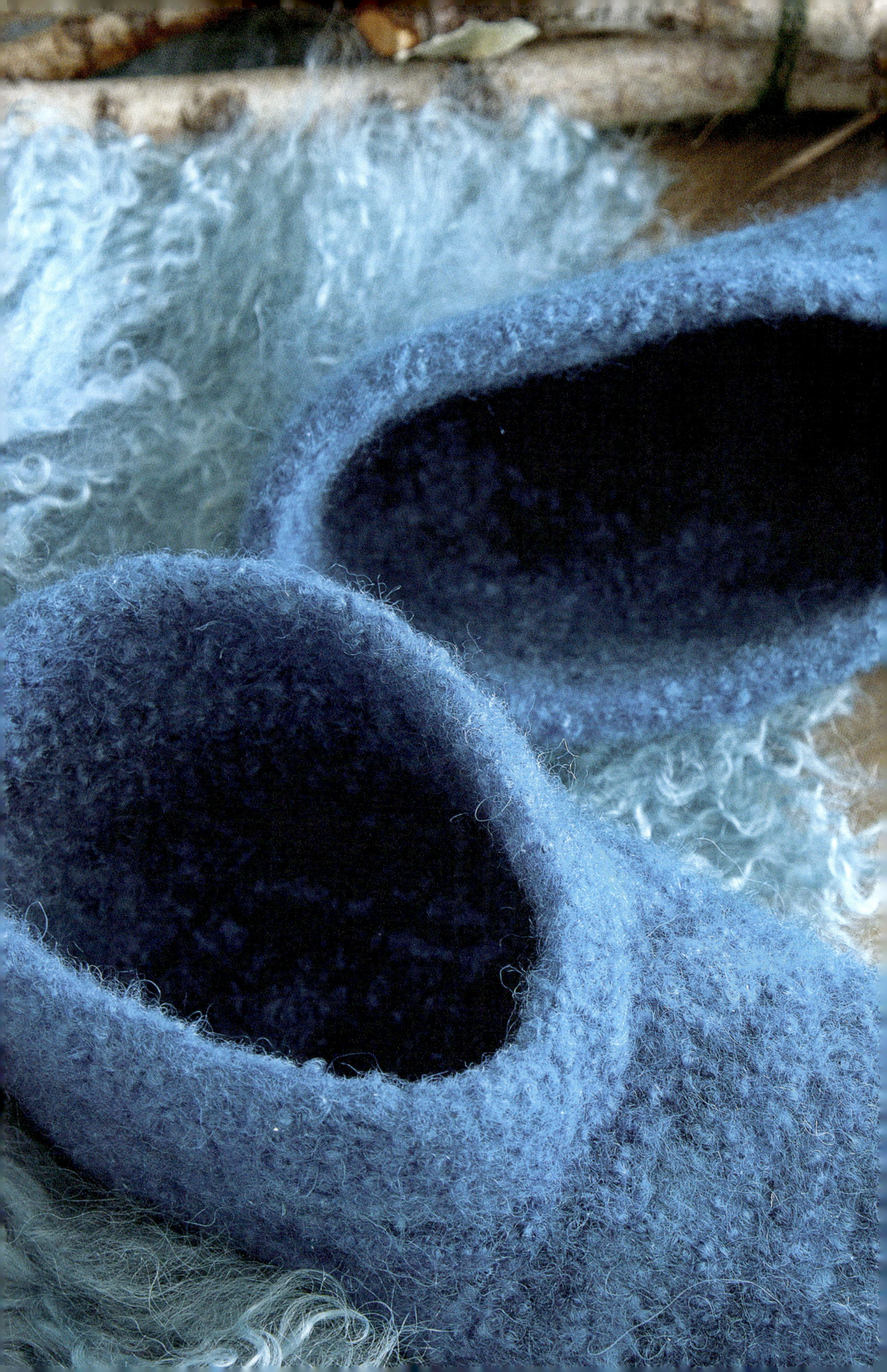

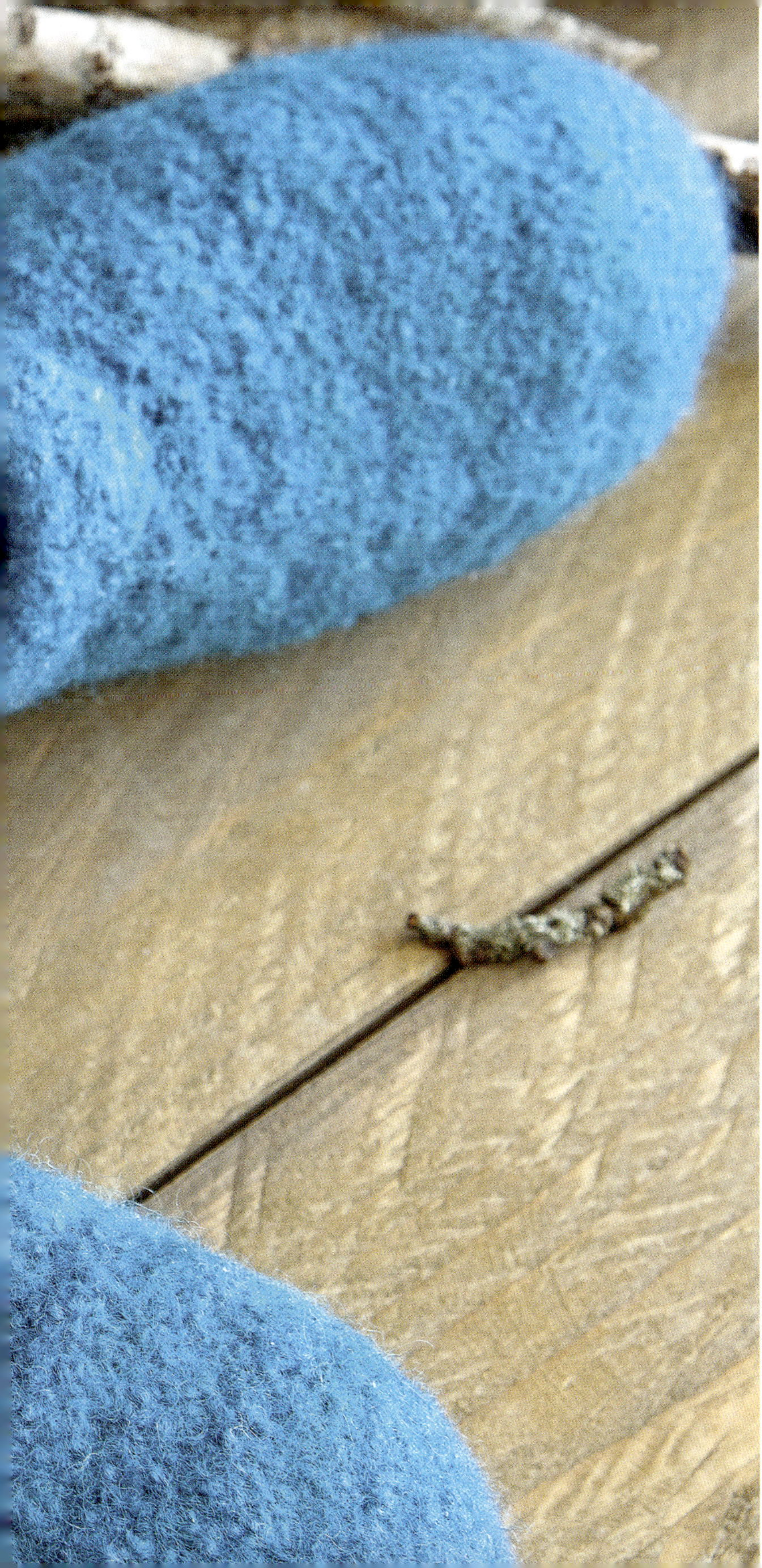

Ton in Ton

Größe: 46/47

Mithilfe der Größentabelle auf Seite 11 können die Hausschuhe auch in anderen Größen gearbeitet werden. Der Garnverbrauch ändert sich entsprechend.

Material:

- buttinette Woll Butt Filzwolle (100 % Schurwolle, LL = 50 m/50 g): je 100 g Petrol (Fb 99.219.33) und Petrol Color (Fb 99.233.43); Rundstricknadel 7–8 mm, Nadelspiel 7–8 mm, Häkelnadel 8 mm; Wollnadel.

Glatt rechts: In den Hinreihen rechte Maschen, in den Rückreihen linke Maschen stricken. In Runden stets rechte Maschen stricken.

Streifenfolge: * 2 Reihen/Runden Petrol meliert, 2 Reihen/Runden Petrol, ab * stets wiederholen.

Maschenprobe:

glatt rechts mit Nadeln 7–8 mm: 12 Maschen und 16 Reihen = 10 cm x 10 cm vor dem Filzen und 8 cm x 8 cm nach dem Filzen.

Hinweis: Nach der Grundanleitung **Hausschuhe mit Käppchenferse** auf Seite 10 arbeiten. Die farbigen Buchstaben im Anleitungstext verweisen auf die Größentabelle auf Seite 11, in der die Angaben für weitere Größen zu finden sind.

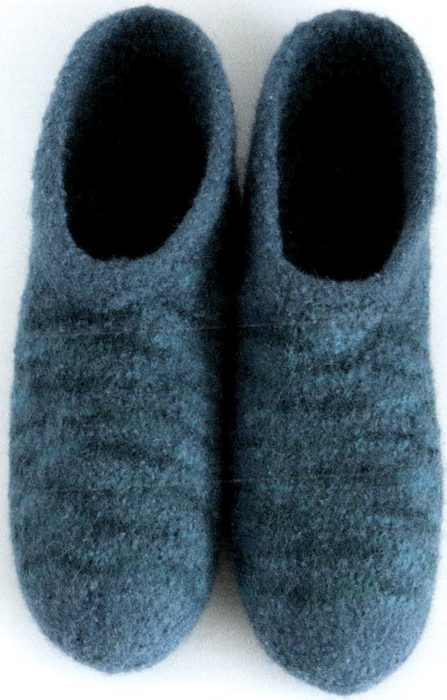

So wird's gemacht

Ein Paar Hausschuhe nach der Grundanleitung arbeiten: 38 Maschen in Petrol meliert mit der Rundstricknadel anschlagen **(AA)** und für die Fersenwand 20 Reihen glatt rechts in der Streifenfolge stricken **(BB)**. Dann das Fersenkäppchen gemäß Grundanleitung in Petrol meliert arbeiten **(CC)**. Nun in Runden arbeiten, dazu aus beiden Seiten der Fersenwand jeweils 13 Maschen aufnehmen **(DD)** und über dem Fuß 4 Maschen neu anschlagen **(EE)**. Anschließend für den Fuß die nun 40 Maschen **(FF)** auf 4 Nadeln des Nadelspiels verteilen (= 10 Maschen pro Nadel), zur Runde schließen und 34 Runden glatt rechts in der Streifenfolge stricken **(GG)**. Die **Spitze** nach der Grundanleitung in Petrol arbeiten: In jeder Runde die ersten 2 Maschen jeder Nadel zusammenstricken, bis nur noch 8 Maschen übrig sind, **(HH)** und **(II)**. Anschließend den Arbeitsfaden abschneiden, mit der Wollnadel durch die restlichen Maschen ziehen und vernähen.

Dann den oberen Rand des Hausschuhs in Petrol mit 1 Runde feM behäkeln. Den **zweiten Hausschuh** genauso arbeiten.

Fertigstellen

Die Fäden vernähen und die Hausschuhe nach Anleitung bei 60 °C in der Waschmaschine filzen (siehe Seite 6). Nach dem Waschen in Form ziehen. Zum Trocknen mit Papier ausstopfen.

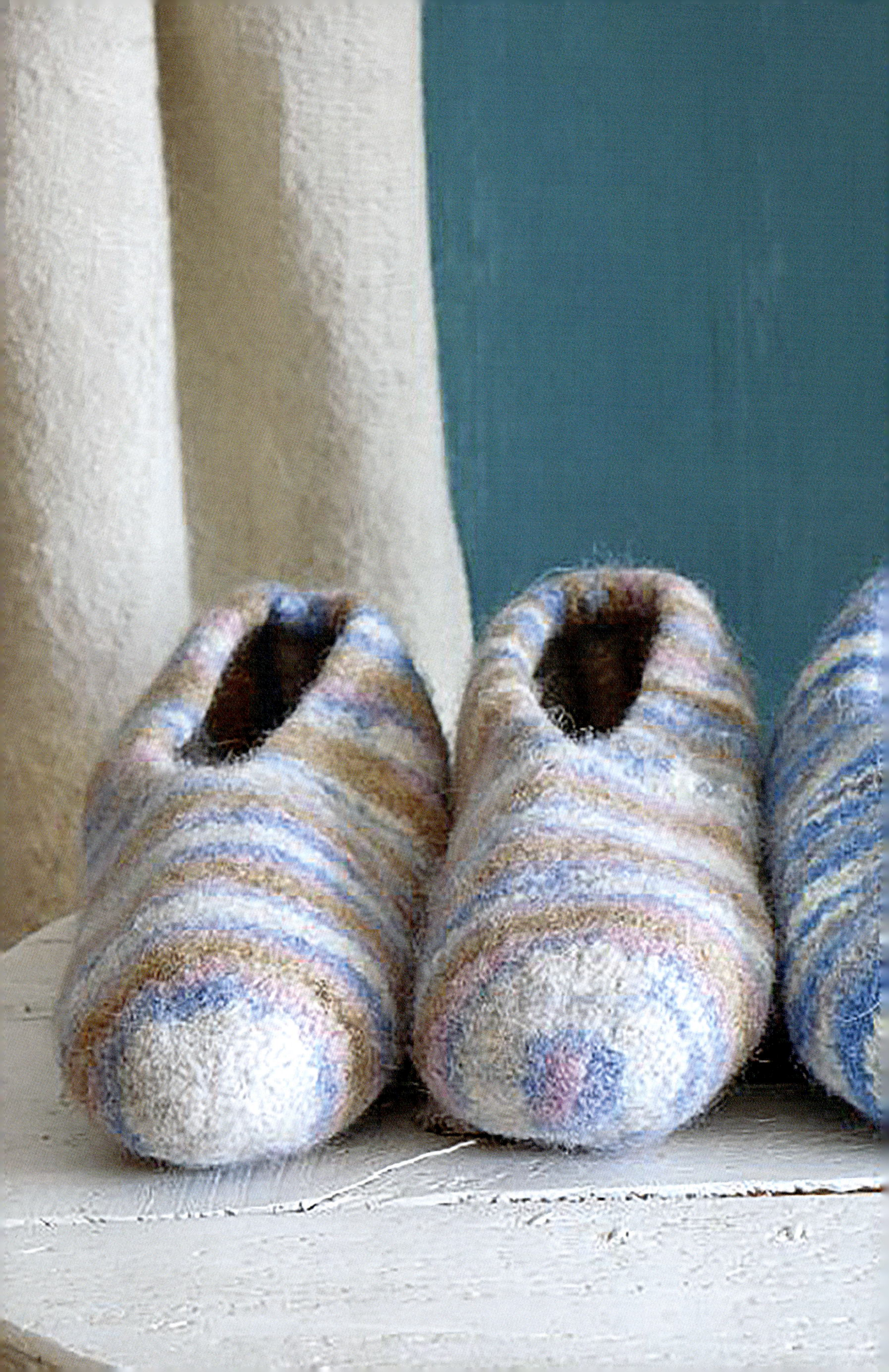

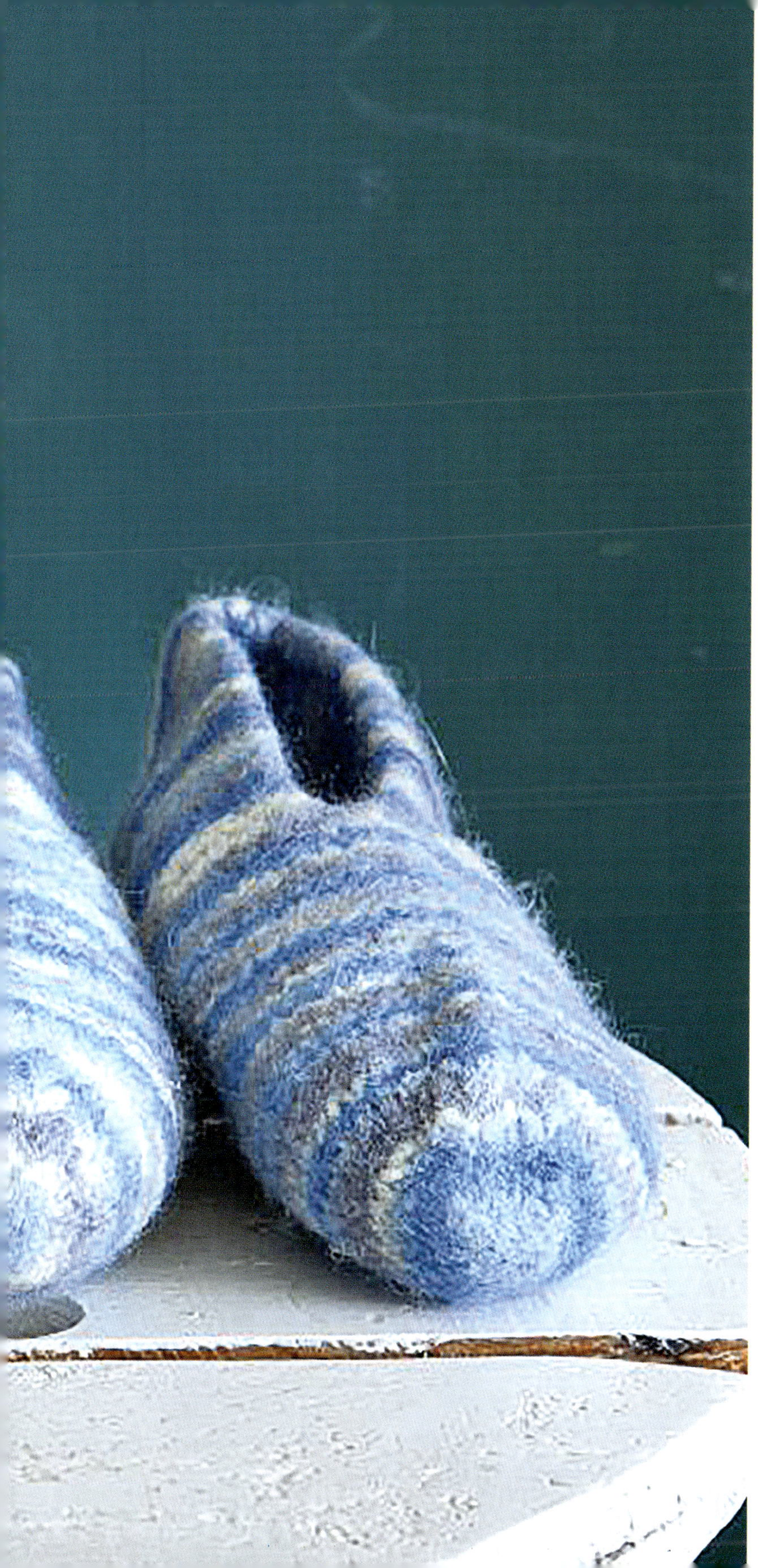

Dreimal Melange

Größe: 40/41

Mithilfe der Größentabelle auf Seite 9 können die Hausschuhe auch in anderen Größen gearbeitet werden. Der Garnverbrauch ändert sich entsprechend.

Material:

- Lana Grossa Feltro Chess, Feltro Line oder Feltro Print (100 % Schurwolle, LL = 50 m/50 g): Farbvariante 1 150 g Feltro Chess Natur/Hellgrau/Mittelgrau/Graugrün/Veilchenblau (Fb 838), Farbvariante 2 150 g Feltro Line Weiß/Hellgrau/Mittelgrau/Hellblau/Kornblume (Fb 438), Farbvariante 3 150 g Feltro Print Graulila/Flieder/Nougat/Rauchblau (Fb 395); Rundstricknadel 7–8 mm; Nadelspiel 7–8 mm.

Glatt rechts: In Hinreihen rechte Maschen, in Rückreihen linke Maschen stricken. In Runden nur rechte Maschen stricken.

Maschenprobe:

glatt rechts mit Nadeln 7–8 mm: 12 Maschen und 16 Reihen = 10 cm x 10 cm vor dem Filzen und 8 cm x 8 cm nach dem Filzen.

Hinweis: Nach der Grundanleitung **Hausschuhe mit Fersennaht** auf Seite 8 stricken. Die farbigen Buchstaben im Anleitungstext verweisen auf die Größentabelle auf Seite 9, in der die Angaben für weitere Größen zu finden sind. Dabei jede Farbvariante einfarbig im angegebenen Garn arbeiten.

So wird's gemacht

Ein Paar Hausschuhe nach der Grundanleitung arbeiten: 34 Maschen mit der Rundstricknadel 7–8 mm anschlagen **(A)** und 35 Reihen glatt rechts stricken **(B)**, dabei in der letzten Rückreihe die erste und die letzte Masche jeweils verdoppeln = 36 Maschen **(C)**. Die Maschen auf 4 Nadeln des Nadelspiels verteilen (9 Maschen pro Nadel), die Arbeit zur Runde schließen und 29 Runden glatt rechts stricken **(D)**. Dann die **Spitze** nach der Grundanleitung arbeiten: In jeder Runde die ersten 2 Maschen jeder Nadel zusammenstricken, bis nur noch 10 Maschen übrig

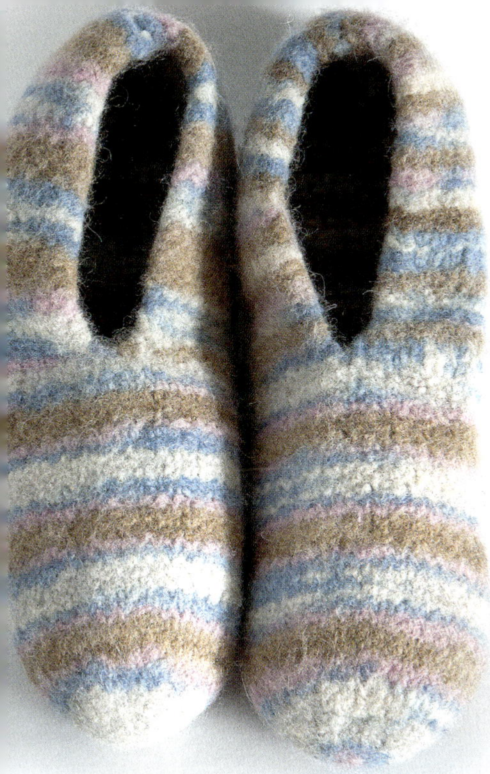

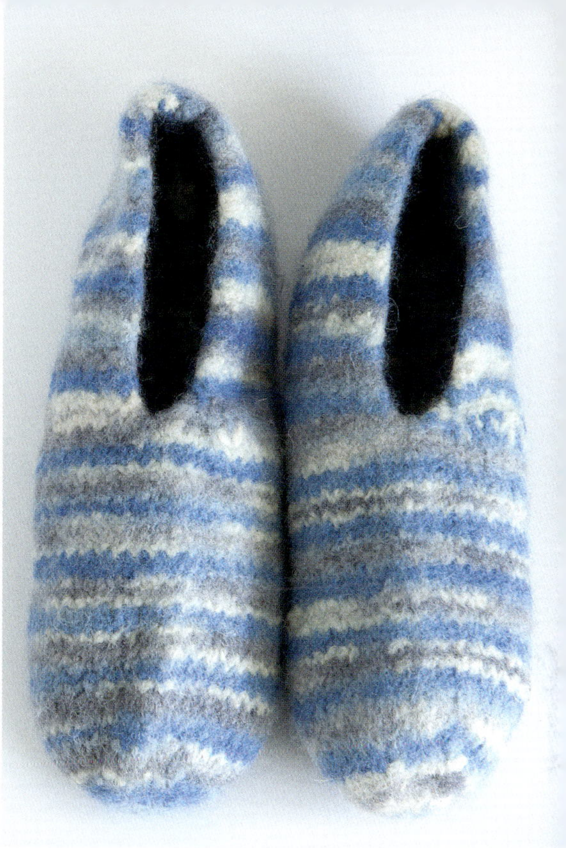

sind. Hinweis: Je nach Größen können es an dieser Stelle auch nur 8 Maschen sein! Den Arbeitsfaden abschneiden, durch die restlichen Maschen ziehen und die Fersennaht wie beschrieben schließen.

Fertigstellen

Die Fäden vernähen und die Hausschuhe nach Anleitung bei 30–40 °C in der Waschmaschine filzen (siehe Seite 6). Nach dem Waschen in Form ziehen. Zum Trocknen mit Papier ausstopfen.
Um nicht auszurutschen, die Sohlen mit flüssigem Latex, z. B. »Stop & Go Latexmilch« von Lana Grossa (im Wollfachhandel erhältlich) bestreichen, um so einen Antirutsch-Effekt von Stoppersocken zu erzielen.

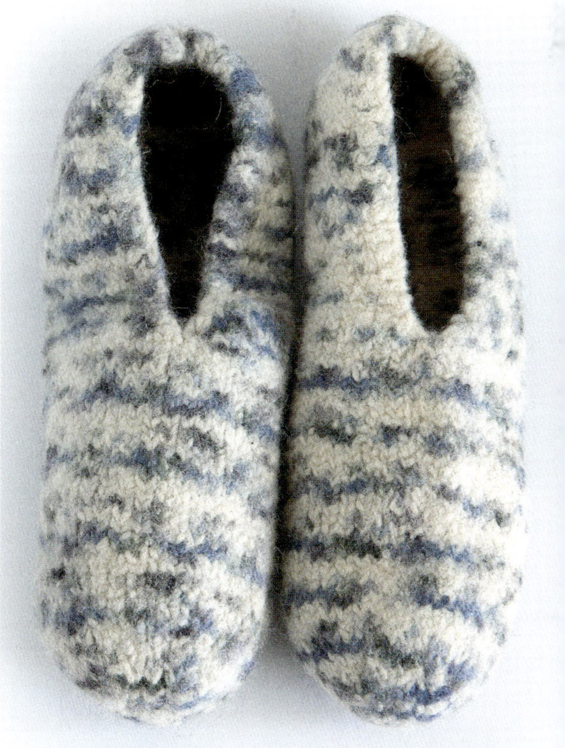

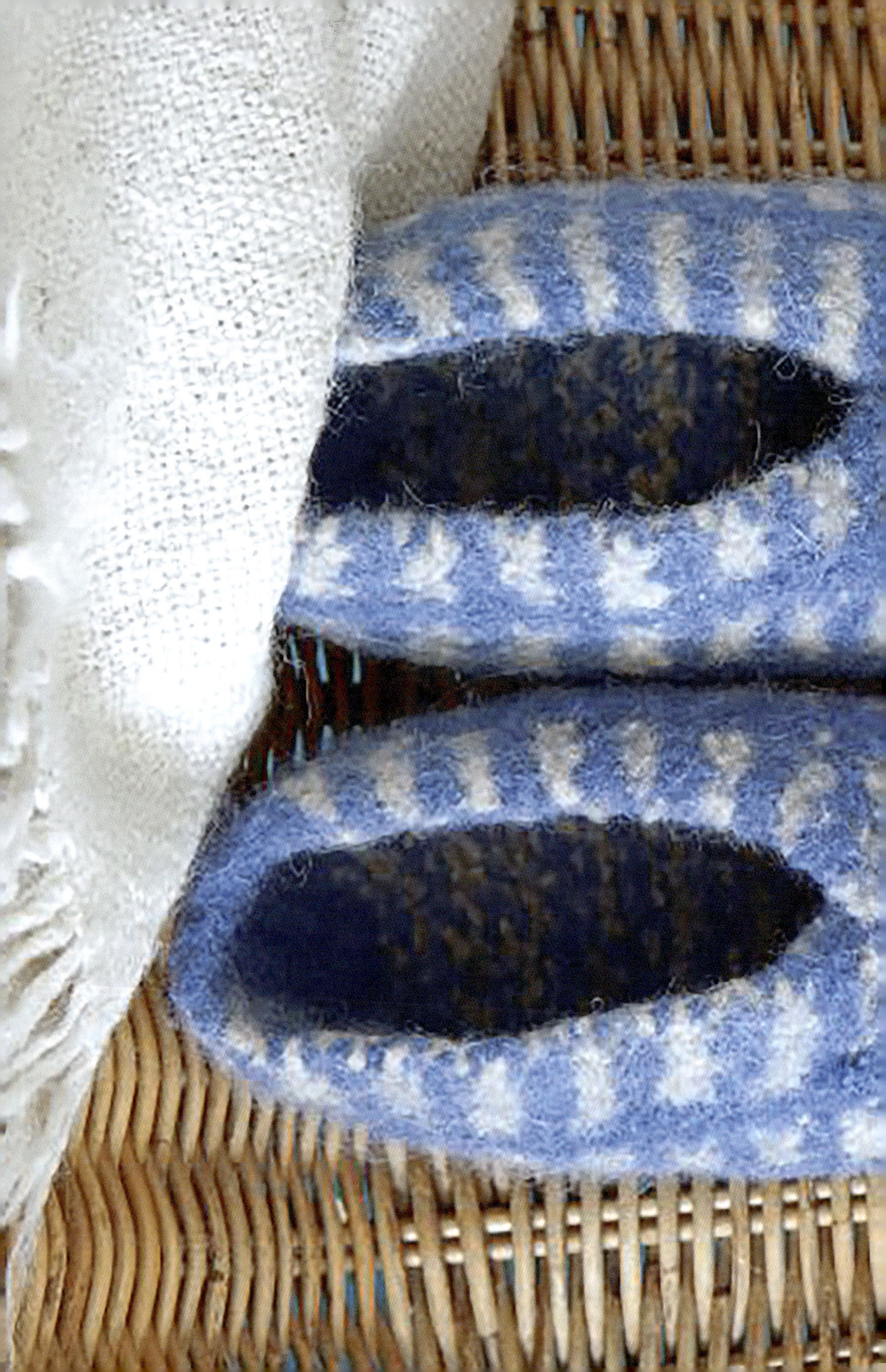

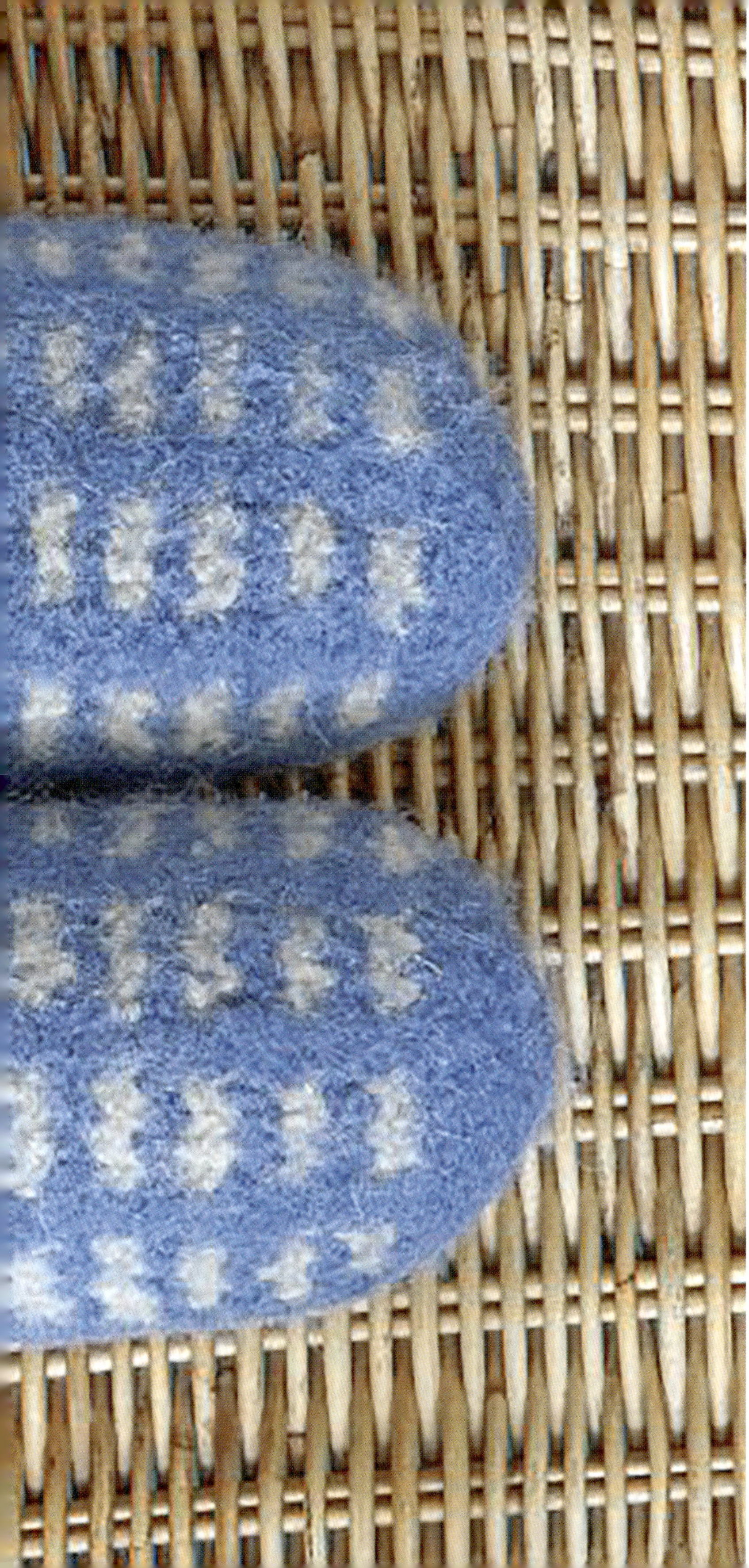

Raffinierte Karos

Größe: 40/41

Mithilfe der Größentabelle auf Seite 9 können die Hausschuhe auch in anderen Größen gearbeitet werden. Der Garnverbrauch ändert sich entsprechend.

Material:

- Lana Grossa Feltro Uni (100 % Schurwolle, LL = 50 m/50 g): je 100 g Jeansblau (Fb 101) und Hellbeige (Fb 102); Rundstricknadel 7–8 mm; Nadelspiel 7–8 mm.

Glatt rechts: In Hinreihen rechte Maschen, in Rückreihen linke Maschen stricken. In Runden nur rechte Maschen stricken.

Hebemaschenmuster in Runden: Maschenzahl teilbar durch 4. Nach der Strickschrift arbeiten. Es sind alle Runden notiert. Die 1.–4. Runde stets wiederholen.

Hebemaschenmuster in Reihen: Maschenzahl teilbar durch 4 + 2 Maschen. Nach der Strickschrift arbeiten. Es sind alle Reihen notiert. Die 1.–4. Reihe stets wiederholen. Die 1. und letzte Masche jeder Reihe werden stets in der Farbe der jeweiligen Reihe als Randm gestrickt. Lässt sich je nach Größe die Maschenzahl nicht glatt teilen, werden die überzähligen Maschen am Anfang der Reihe nach der Randm und am Ende der Reihe vor der Randm in Farbe 1 gestrickt. In Runden werden die Maschen als 1. bzw. letzte Masche der Runde in Jeansblau gestrickt.

Farbe 1 = Jeansblau, **Farbe 2** = Hellbeige.

Maschenprobe:

glatt rechts mit Nadeln 7–8 mm: 12 Maschen und 16 Reihen = 10 cm x 10 cm vor dem Filzen und 8 cm x 8 cm nach dem Filzen.

Hinweis: Nach der Grundanleitung **Hausschuhe mit Fersennaht** auf Seite 8 stricken. Die farbigen Buchstaben im Anleitungstext verweisen auf die Größentabelle auf Seite 9, in der die Angaben für weitere Größen zu finden sind.

So wird's gemacht

Ein Paar Hausschuhe nach der Grundanleitung arbeiten: 34 Maschen in Jeansblau mit der Rundstricknadel 7–8 mm anschlagen **(A)** und wie folgt 35 Reihen stricken **(B)**: 1 Rückreihe linke Maschen und 2 Reihen glatt rechts, dann 32 Reihen im Hebemaschenmuster nach der Strickschrift arbeiten, dabei in der letzten Rückreihe die erste und die letzte Masche jeweils verdoppeln = 36 Maschen **(C)**. Die Maschen auf 4 Nadeln des Nadelspiels verteilen (9 Maschen pro Nadel), die Arbeit zur Runde schließen und 29 Runden im Hebemaschenmuster stricken **(D)**. Dann die **Spitze** in Jeansblau nach der Grundanleitung arbeiten: In jeder Runde die ersten 2 Maschen jeder Nadel zusammenstricken, bis nur noch 10 Maschen übrig sind. Hinweis: Je nach Größen können es an dieser Stelle auch nur 8 Maschen sein! Den Arbeitsfaden abschneiden, durch die restlichen Maschen ziehen und die Fersennaht wie beschrieben schließen. Den **zweiten Hausschuh** genauso arbeiten.

Fertigstellen

Die Fäden vernähen und die Hausschuhe nach Anleitung bei 30–40 °C in der Waschmaschine filzen (siehe Seite 6). Nach dem Waschen in Form ziehen. Zum Trocknen mit Papier ausstopfen.

Um nicht auszurutschen, die Sohlen mit flüssigem Latex, z. B. »Stop & Go Latexmilch« von Lana Grossa (im Wollfachhandel erhältlich) bestreichen, um so einen Antirutsch-Effekt von Stoppersocken zu erzielen.

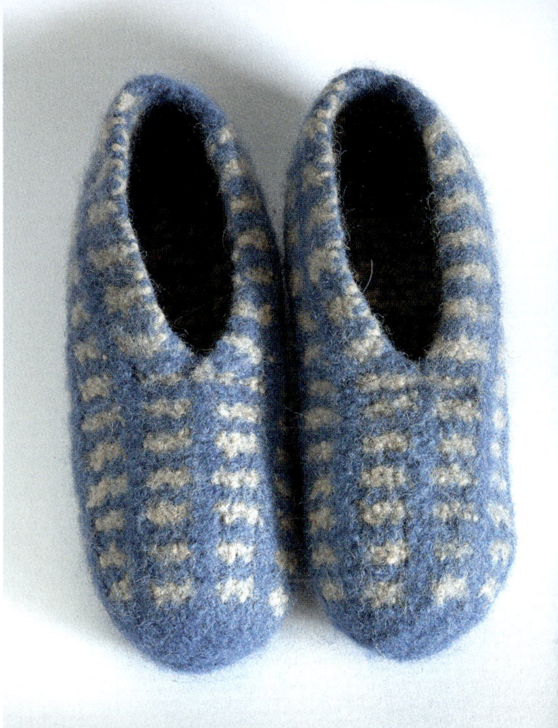

Hebemaschenmuster in Reihen

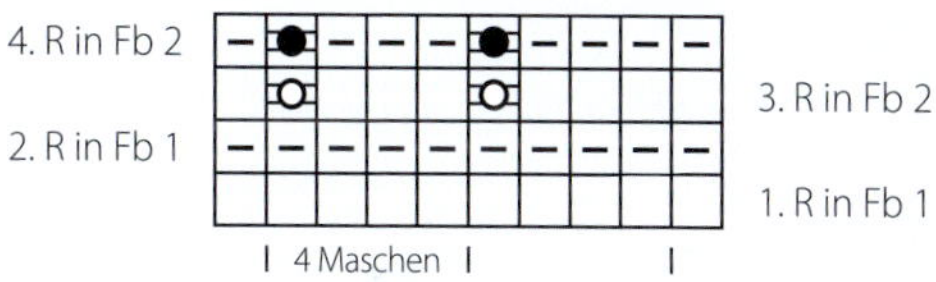

Die 1.–4. Reihe stets wiederholen.

Hebemaschenmuster in Runden

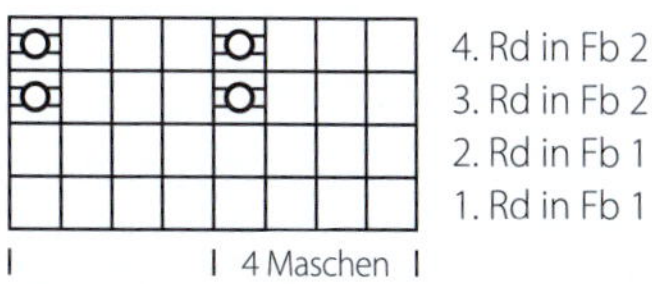

Die 1.–4. Runde stets wiederholen.

Farbe 1 = Jeansblau
Farbe 2 = Hellbeige

☐ = 1 rechte Masche
⊟ = 1 linke Masche
⦶ = 1 Masche mit dem Faden hinter der Arbeit wie zum Linksstricken abheben.
● = 1 Masche mit dem Faden vor der Arbeit wie zum Linksstricken abheben.

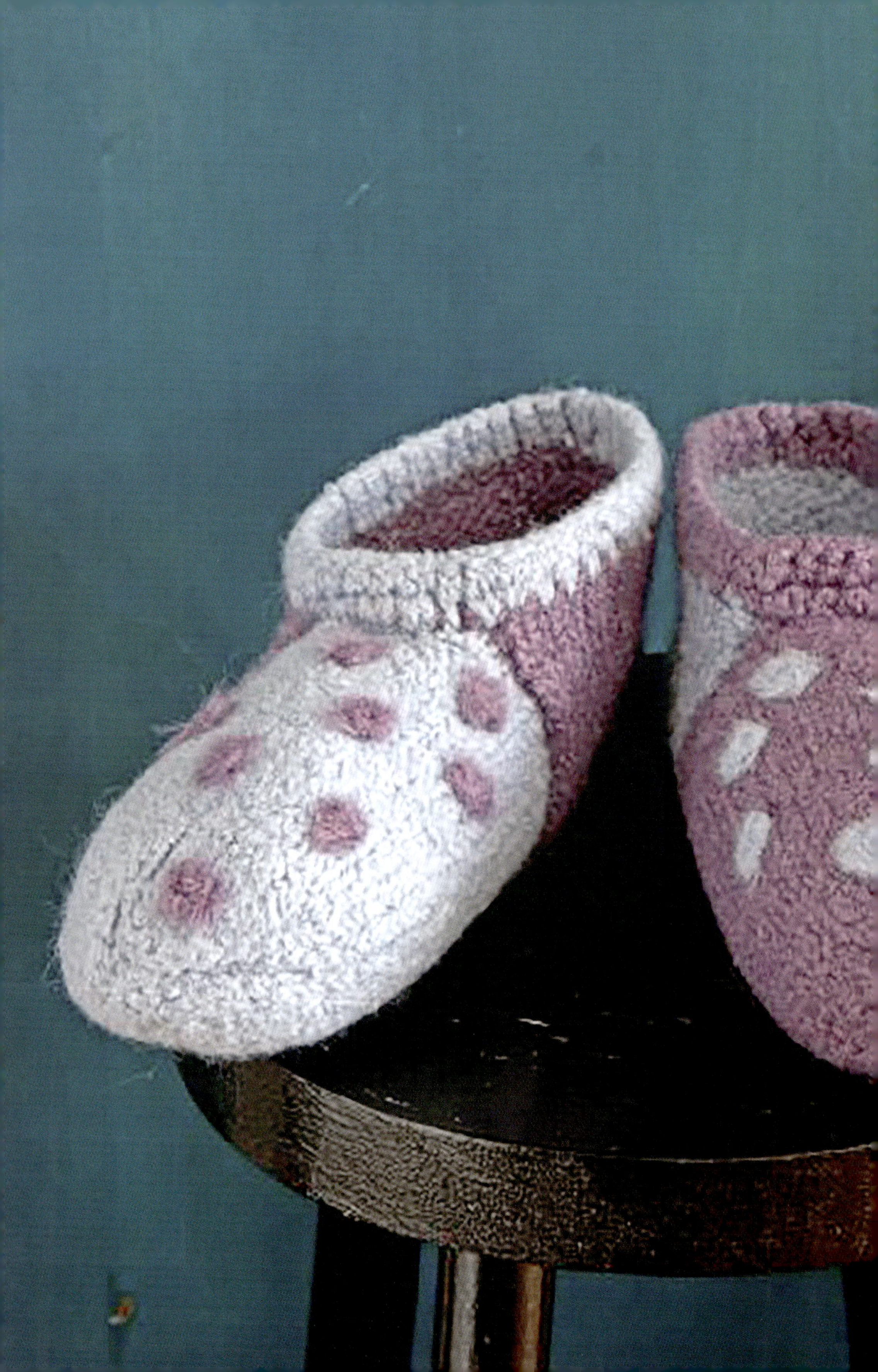

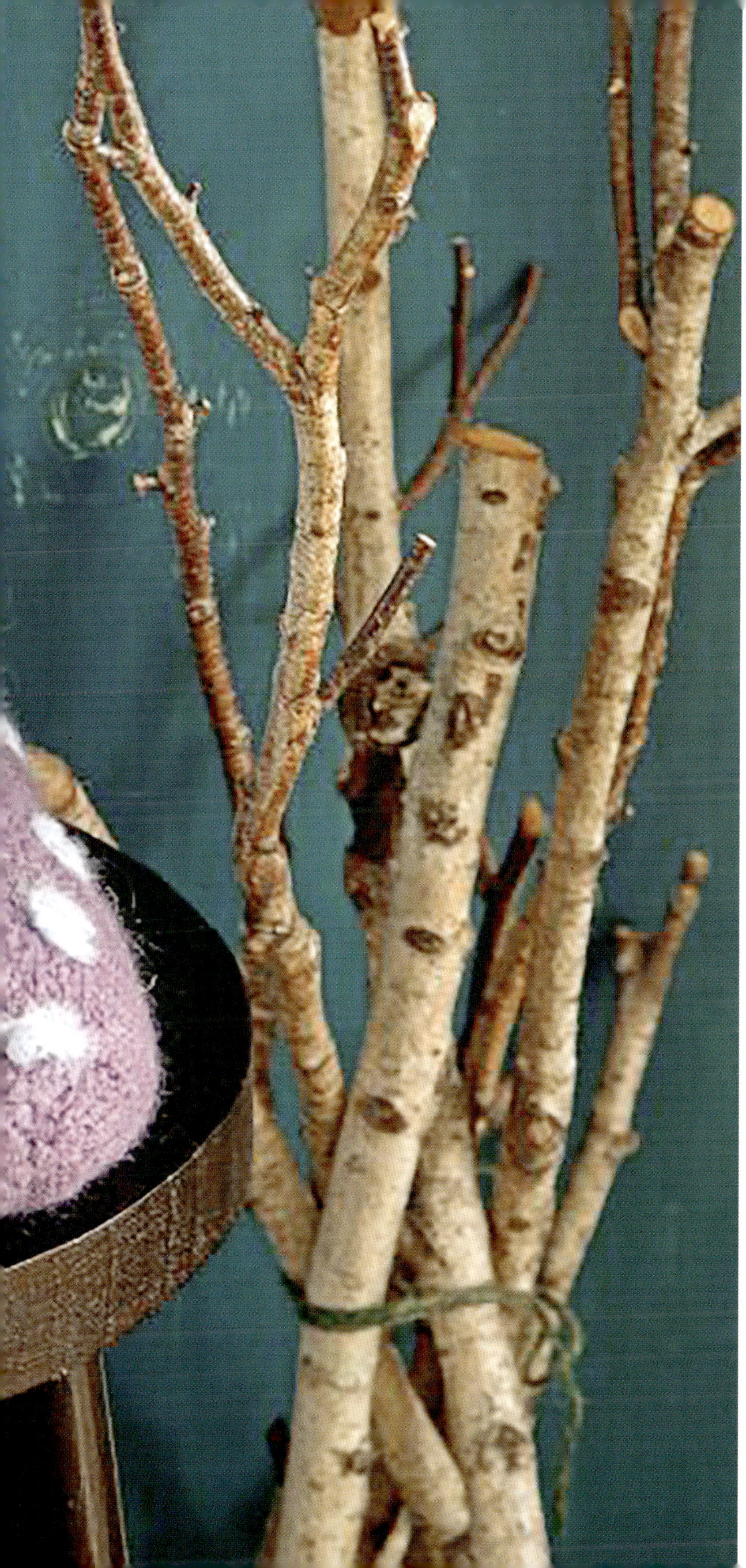

In Blau und Lila mit Tupfen

Größe 38/39

Mithilfe der Größentabelle auf Seite 11 können die Hausschuhe auch in anderen Größen gearbeitet werden. Der Garnverbrauch ändert sich entsprechend.

Material:

- buttinette Woll Butt Filzwolle (100 % Schurwolle, LL = 50 m/50 g): je 100 g Hellblau (Fb 99.129.65) und Pflaume (Fb 99.102.84); Rundstricknadel 7–8 mm; Nadelspiel 7–8 mm; Häkelnadel 8 mm; Wollnadel; Filznadel (mittel oder fein) und Haushaltsschwamm.

Glatt rechts: In den Hinreihen rechte Maschen, in den Rückreihen linke Maschen stricken. In Runden stets rechte Maschen stricken.

Maschenprobe:

glatt rechts mit Nadeln 7–8 mm: 12 Maschen und 16 Reihen = 10 cm x 10 cm vor dem Filzen und 8 cm x 8 cm nach dem Filzen.

Hinweis: Nach der Grundanleitung **Hausschuhe mit Käppchenferse** auf Seite 10 stricken. Die farbigen Buchstaben im Anleitungstext verweisen auf die Größentabelle auf Seite 11, in der die Angaben für weitere Größen zu finden sind.

So wird's gemacht

Mit der Rundstricknadel 32 Maschen in Hellblau anschlagen **(AA)** und 17 Reihen glatt rechts für die Fersenwand stricken **(BB)**. Dann das Fersenkäppchen gemäß Grundanleitung in Hellblau arbeiten **(CC)**. Anschließend für den Fuß in Runden auf dem Nadelspiel weiterstricken, dabei wie beschrieben in der 1. Runde aus den Seiten der Fersenwand jeweils 11 Maschen auffassen **(DD)** und für den Oberfuß 4 Maschen dazu anschlagen **(EE)** = 34 Maschen **(FF)**. Die Maschen auf 4 Nadeln des Nadelspiels verteilen (= 8-9-8-9 Maschen), dabei in der hinteren Mitte zwischen der 1. und der 4. Nadel zu Pflaume wechseln und 27 Runden glatt rechts stricken **(GG)**. Gemäß Grundanleitung die Spitze glatt rechts weiterhin in Pflaume arbeiten, dabei in der 1. Runde nur auf den beiden Nadeln mit mehr Maschen abnehmen **(HH)** und **(II)**. Den Arbeitsfaden abschneiden, mit der Wollnadel durch die restlichen Maschen ziehen und vernähen. Den oberen Rand des Hausschuhs mit 1 Runde feM in Pflaume behäkeln. Den **zweiten Hausschuh** genauso arbeiten, jedoch die Farben tauschen.

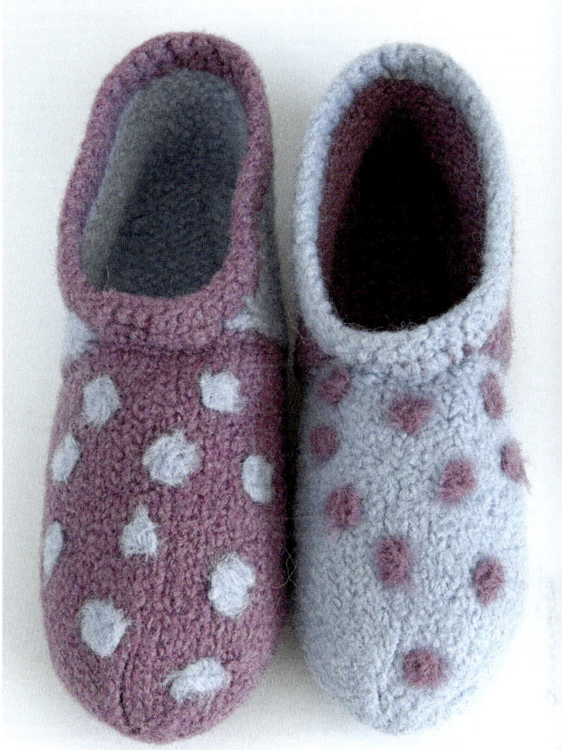

Fertigstellen

Die Fäden vernähen und die Hausschuhe nach Anleitung bei 60 °C in der Waschmaschine filzen (siehe Seite 6). Nach dem Waschen in Form ziehen. Zum Trocknen mit Papier ausstopfen.

Nach dem Trocknen jeweils auf die Oberseite der Schuhe Tupfen in der jeweiligen Kontrastfarbe auffilzen. Dazu einen sauberen Haushaltsschwamm in den Schuh schieben, von der Wolle ca. 8 cm abschneiden, etwas abzupfen, kleine Tupfen auflegen und mit der Filznadel so oft in die Wolle einstechen, bis die Tupfen auf dem gefilzten Schuh fixiert sind.

Männlich markant

Hausschuhe mit Initialen

Größe: 40/41

Mithilfe der Größentabelle auf Seite 9 können die Hausschuhe auch in anderen Größen gearbeitet werden. Der Garnverbrauch ändert sich entsprechend.

Material:

- Strickfilzwolle (100 % Schurwolle, LL = 50 m/50 g): 200 g Dunkelblau; Rundstricknadel 7–8 mm; Nadelspiel 7–8 mm; Wollnadel; etwas Filzwolle zum Nadelfilzen in Orange; Filznadel (mittel oder fein).

Glatt rechts: In den Hinreihen rechte Maschen, in den Rückreihen linke Maschen stricken. In Runden stets rechte Maschen stricken.

Maschenprobe:

glatt rechts mit Nadel 7–8 mm: 12 Maschen und 16 Reihen = 10 cm x 10 cm vor dem Filzen und 8 cm x 8 cm nach dem Filzen.

Hinweis: Nach der Grundanleitung **Hausschuhe mit Fersennaht** auf Seite 8 stricken. Die farbigen Buchstaben im Anleitungstext verweisen auf die Größentabelle auf Seite 9, in der die Angaben für weitere Größen zu finden sind.

So wird's gemacht

Mit der Rundstricknadel 34 Maschen in Dunkelblau anschlagen **(A)** und mit einer Hinreihe beginnend 35 Reihen glatt rechts stricken **(B)**, dabei in der letzten Rückreihe die erste und die letzte Masche jeweils verdoppeln = 36 Maschen **(C)**. Die Maschen gleichmäßig auf 4 Nadeln des Nadelspiels verteilen (= 9 Maschen pro Nadel), die Arbeit zur Runde schließen und 29 Runden glatt rechts stricken **(D)**. Die Spitze glatt rechts nach der Grundanleitung arbeiten. Den Arbeitsfaden abschneiden, durch die restlichen Maschen ziehen, fest zusammenziehen und vernähen. Die Fersennaht wie beschrieben schließen. Den **zweiten Hausschuh** genauso arbeiten.

Fertigstellen

Die Fäden vernähen und die Hausschuhe nach Anleitung in der Waschmaschine filzen (siehe Seite 6). Nach dem Waschen in Form ziehen. Zum Trocknen mit Papier ausstopfen. Nach dem Trocknen nach Wunsch noch die Initialen des Trägers der Hausschuhe mit Filzwolle und Filznadel auf die Oberseite der Schuhe filzen. Dafür die Wolle in Form des Buchstabens auflegen und durch stetiges Einstechen mit der Filznadel fixieren und verdichten. Anschließend die Schuhe nochmals in der Waschmaschine filzen.

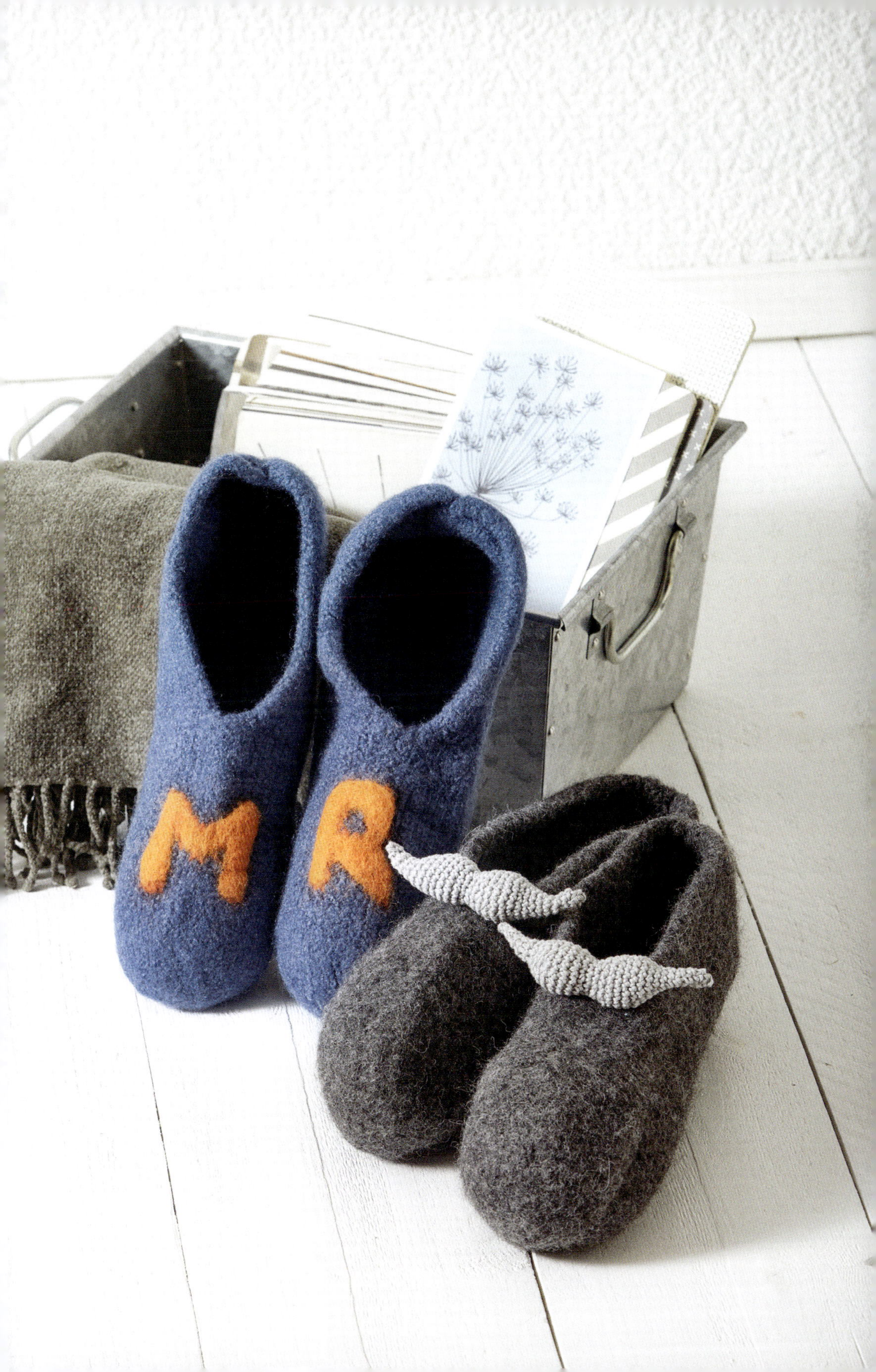
M
R

Puschen mit Schnurrbart

Größe: 42/43

Mithilfe der Größentabelle auf Seite 9 können die Hausschuhe auch in anderen Größen gearbeitet werden. Der Garnverbrauch ändert sich entsprechend.

Material:

- Strickfilzwolle (100 % Schurwolle, LL = 50 m/50 g): 250 g Dunkelgrau; Rundstricknadel 7–8 mm; Nadelspiel 7–8 mm; Baumwollgarn (LL = 125 m/50 g): ein Rest in Hellgrau; Häkelnadel 2,5 mm; etwas Füllwatte; Woll- und Nähnadel.

Glatt rechts: In den Hinreihen rechte Maschen, in den Rückreihen linke Maschen stricken. In Runden stets rechte Maschen stricken.

Maschenprobe:

glatt rechts mit Nadeln 7–8 mm: 12 Maschen und 16 Reihen = 10 cm x 10 cm vor dem Filzen und 8 cm x 8 cm nach dem Filzen.

Hinweis: Nach der Grundanleitung **Hausschuhe mit Fersennaht** auf Seite 8 stricken. Die farbigen Buchstaben im Anleitungstext verweisen auf die Größentabelle auf Seite 9, in der die Angaben für weitere Größen zu finden sind.

So wird's gemacht

Mit der Rundstricknadel 36 Maschen in Dunkelgrau anschlagen **(A)** und mit einer Hinreihe beginnend 37 Reihen glatt rechts stricken **(B)**, dabei in der letzten Rückreihe die erste und die letzte Masche jeweils verdoppeln = 38 Maschen **(C)**. Die Maschen auf 4 Nadeln des Nadelspiels verteilen (= 9-10-9-10 Maschen), die Arbeit zur Runde schließen und 31 Runden glatt rechts stricken **(D)**. Die Spitze glatt rechts nach der Grundanleitung arbeiten. Den Arbeitsfaden abschneiden, durch die restlichen Maschen ziehen, fest zusammenziehen und vernähen. Die Fersennaht wie beschrieben schließen. Den **zweiten Hausschuh** genauso arbeiten.

Fertigstellen

Die Fäden vernähen und die Hausschuhe nach Anleitung in der Waschmaschine filzen (siehe Seite 6). Nach dem Waschen in Form ziehen. Zum Trocknen mit Papier ausstopfen.

Für den **Schnurrbart** 2 Luftm anschlagen und in die 2. Luftm ab Nadel 4 feM (fM) häkeln = 1. Runde. Den Rundenbeginn kennzeichnen und wie folgt in Spiralrunden arbeiten, dabei den Schnurrbart nach und nach mit Füllwatte ausstopfen:

2. und 3. Runde: Je 4 fM häkeln. **4. Runde:** Jede 2. Masche verdoppeln, also in jede 2. Masche der Vor-Runde 2 fM häkeln (= 6 Maschen). **5. Runde:** 6 fM häkeln. **6. Runde:** Die 1. und 4. Masche jeweils verdoppeln (= 8 Maschen). **7. Runde:** Die 1. und 5. Masche jeweils verdoppeln (= 10 Maschen). **8. Runde:** Die 1. und 6. Masche jeweils verdoppeln (= 12 Maschen). **9. Runde:** Die 1. und 12. Masche jeweils verdoppeln (= 14 Maschen). **10. Runde:** Die 1. und 4. Masche jeweils verdoppeln (= 16 Maschen). **11. Runde:** Die 1. und 5. Masche jeweils verdoppeln (= 18 Maschen). **12. Runde:** 18 fM häkeln. **13. Runde:** Die 2. und 3. sowie die 6. und 7. Masche zusammen abmaschen (= 16 Maschen). **14. Runde:** Die 1. und 2., die 5. und 6., die 9. und 10. sowie die 13. und 14. Masche zusammen abmaschen (= 12 Maschen). **15. Runde:** Die 3. und 4. sowie die 9. und 10. Masche zusammen abmaschen (= 10 Maschen). **16. Runde:** Die 3. und 8. Masche jeweils verdoppeln (= 12 Maschen). **17. Runde:** Die 2., 5., 8. und 11. Masche jeweils verdoppeln (= 16 Maschen). **18. Runde:** Die 4. und 7. Masche jeweils verdoppeln (= 18 Maschen). **19. Runde:** 18 fM häkeln. **20. Runde:** Die 4. und 5. sowie die 8. und 9. Masche zusammen abmaschen (= 16 Maschen). **21. Runde:** Die 4. und 5. sowie die 6. und 7. Masche zusammen abmaschen (= 14 Maschen). **22. Runde:** Die 3. und 4. sowie die 5. und 6. Masche zusammen abmaschen (= 12 Maschen). **23. Runde:** Die 2. und 3. sowie die 4. und 5. Masche zusammen abmaschen (= 10 Maschen). **24. Runde:** Die 2. und 3. sowie die 7. und 8. Masche zusammen abmaschen (= 8 Maschen). **25. Runde:** Die 2. und 3. sowie die 6. und 7. Masche zusammen abmaschen (= 6 Maschen). **26. Runde:** 6 fM häkeln. **27. Runde:** Die 2. und 3. sowie die 4. und 5. Masche zusammen abmaschen (= 4 Maschen). **28. und 29. Runde:** Je 4 fM häkeln. Dann den Faden abschneiden, durch die letzten 4 Maschen ziehen und vernähen. Den Schnurrbart mit Nähgarn auf dem Schuh befestigen.

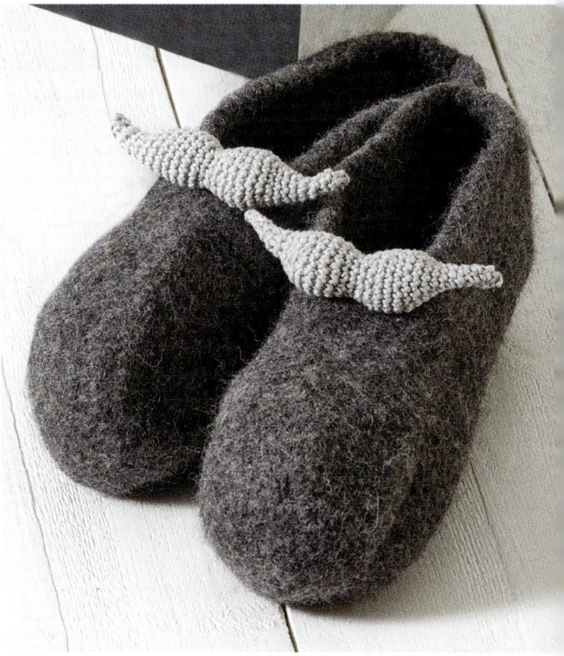

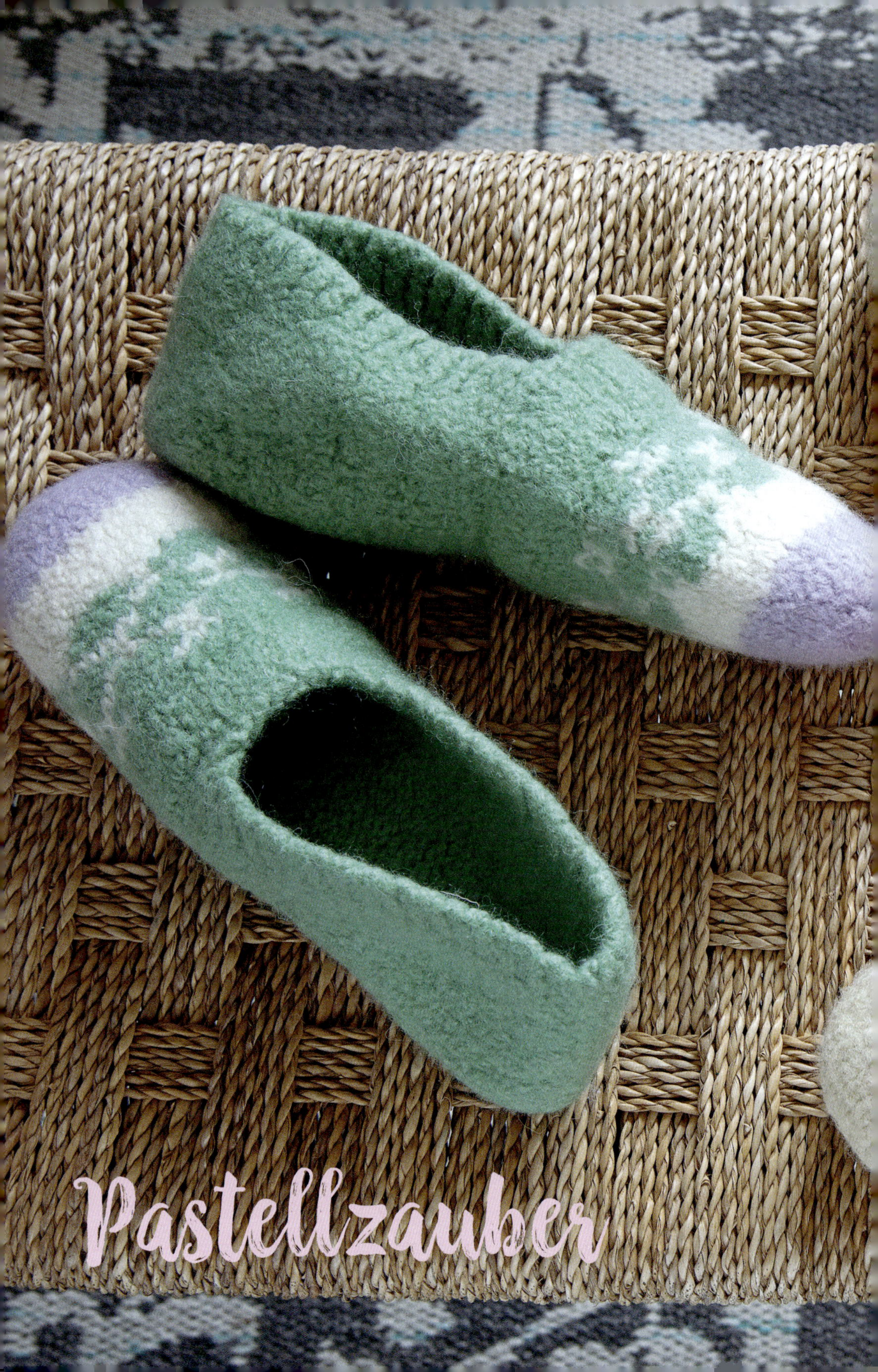

Pastellzauber

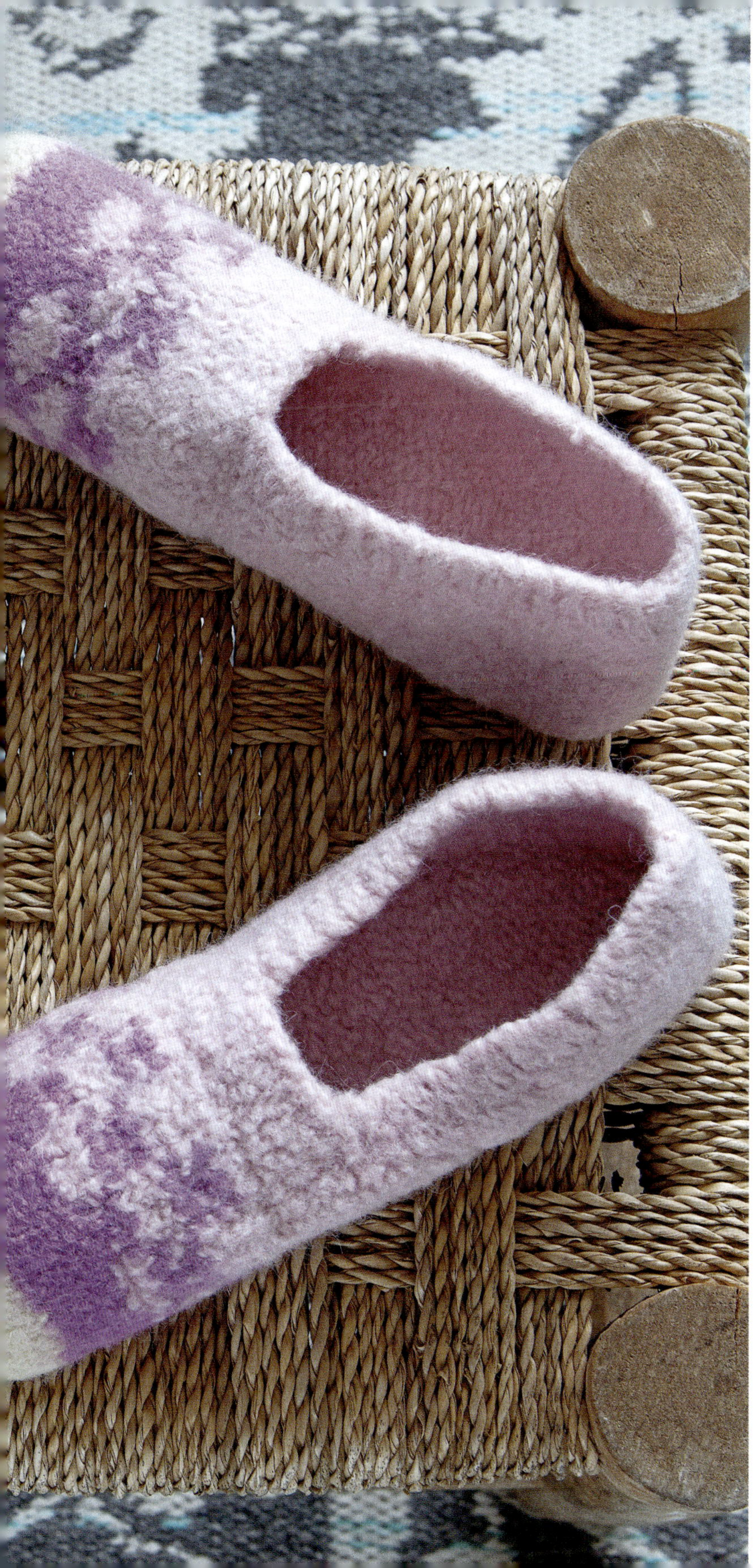

Pastellzauber

Größe: 38/39

Mithilfe der Größentabelle auf Seite 9 können die Hausschuhe auch in anderen Größen gearbeitet werden. Der Garnverbrauch ändert sich entsprechend.

Material:

- Variante 1: Lana Grossa Feltro (100 % Schurwolle; LL = 50 m/50 g): 100 g Puderrosa (Fb 70) und je 50 g Erika (Fb 69) und Rohweiß (Fb 1); Variante 2: Lana Grossa Feltro (100 % Schurwolle; LL = 50 m/50 g): 100 g Grüngrau (Fb 110) und je 50 g Rohweiß (Fb 1) und 50 g Erika (Fb 69); Stricknadeln 7–8 mm und Nadelspiel 7–8 mm.

Maschenprobe:

glatt rechts mit Nadeln 7–8 mm: 12 Maschen und 16 Reihen = 10 cm x 10 cm vor dem Filzen und 8 cm x 8 cm nach dem Filzen.

Glatt rechts: In Hinreihen rechte Maschen, in Rückreihen linke Maschen stricken. In Runden stets rechte Maschen stricken.

Mix & Match Muster: Maschenzahl teilbar durch 6. Nach der Strickschrift arbeiten. Es ist jede Runde notiert. Den Rapport von 6 Maschen stets wiederholen. Die 1.–6. Runde stets wiederholen.

Randmasche: Die erste und letzte Masche jeder Reihe rechts stricken.

Hinweis: Nach der Grundanleitung **Hausschuhe mit Fersennaht** auf Seite 8 stricken. Die farbigen Buchstaben im Anleitungstext verweisen auf die Größentabelle auf Seite 9, in der die Angaben für weitere Größen zu finden sind. Die jeweilige Farbe für Variante A steht vor der Klammer, die für Variante B in der Klammer.

So wird's gemacht

Ein Paar Hausschuhe nach der Grundanleitung arbeiten: 32 Maschen in Puderrosa (Grüngrau) mit der Rundstricknadel 7–8 mm anschlagen **(A)** und glatt rechts mit Randmaschen an beiden Seiten arbeiten, dabei mit einer Rückreihe beginnen: In der 27. und 29. Reihe die 3. und 4. Masche sowie die 3.- und 4.-letzte Masche rechts zusammenstricken = 28 Maschen und am Ende der 33. Reihe **(B)** 5 Maschen zusätzliche anschlagen = 33 Maschen **(1 M weniger als C)**. Die Maschen zur Runde schließen und auf 3 Nadeln eines Nadelspiels verteilen: die neu angeschlagenen Maschen plus rechts und links davon je 6 Maschen = 17 Maschen liegen auf der 1. Nadel und die Hälfte der übrigen Maschen = 8 Maschen auf der 2. und 3. Nadel. Den Rundenübergang zwischen der 1. und 2. Nadel markieren. **1.–3. Runde:** Glatt rechts stricken, dabei die neu angeschlagenen Maschen mit 1 Masche links, 1 Masche rechts, 1 Masche links, 1 Masche rechts, 1 Masche links stricken. **4. Runde:** Im glatt rechts gestrickten Bereich gleichmäßig verteilt 3 Maschen zunehmen (= je 1 Masche aus dem Querfaden herausstricken) = 36 Maschen. **5.–9. Runde:** Glatt rechts stricken. **10.–18. Runde:** Nach der Strickschrift arbeiten und das Muster in Erika (Rohweiß) einarbeiten. Hierzu 1x die 1.–6. Runde und noch 1x die 1.–3 Runde stricken. Die nicht benötigte Farbe locker an der Rückseite mitführen. **19. Runde:** Den Faden in Puderrosa (Grüngrau) abschneiden und weiter in Erika (Rohweiß) stricken. Gleichmäßig verteilt 2x 2 Maschen rechts zusammenstricken = 34 Maschen **(C)**. **20.–23. Runde:** Glatt rechts in Erika (Rohweiß). **24.–27. Runde:** Glatt rechts in Rohweiß (Puderrosa) **(D)**. Anschließend die Maschen auf 4 Nadeln des Nadelspiels verteilen = 8-9-8-9 Maschen.

Dann die **Spitze** glatt rechts arbeiten: Für die Rundung auf der 1. und 3. Nadel jeweils die 2. und 3. Masche und auf der 2. und 4. Nadel jeweils die 2.- und 3.-letzte Masche rechts zusammenstricken. Diesen Vorgang insgesamt 6x arbeiten. Anschließend die restlichen 10 Maschen im Maschenstich in Rohweiß (Puderrosa) schließen. Die Fersennaht in Puderrosa (Grüngrau) im Überwendlichstich sichtbar schließen. Den **zweiten Hausschuh** genauso arbeiten.

Fertigstellen

Die Fäden vernähen und die Hausschuhe nach Anleitung bei 30–40 °C in der Waschmaschine filzen (siehe Seite 6). Nach dem Waschen in Form ziehen. Zum Trocknen mit Papier ausstopfen.

Um nicht auszurutschen, die Sohlen mit flüssigem Latex, z. B. »Stop & Go Latexmilch« von Lana Grossa (im Wollfachhandel erhältlich) bestreichen, um so einen Antirutsch-Effekt von Stoppersocken zu erzielen.

Mix- and Match-Muster

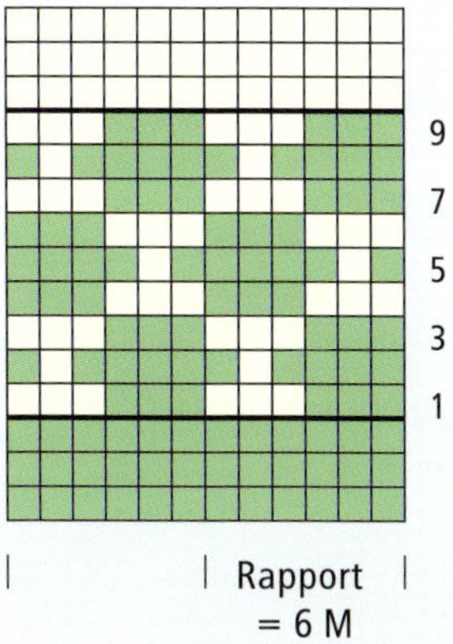

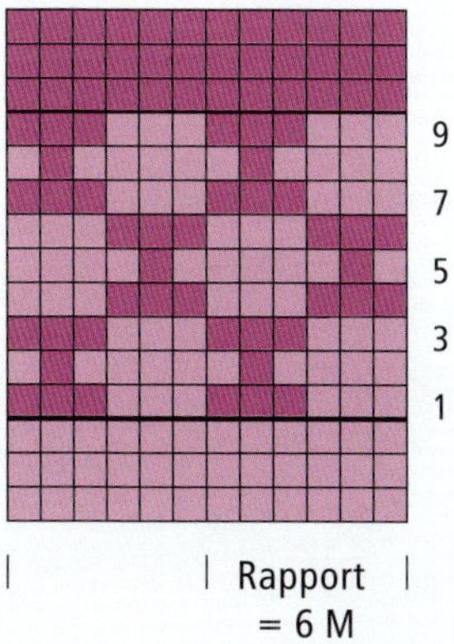

- = 1 Masche glatt rechts in Grüngrau
- = 1 Masche glatt rechts in Rohweiß
- = 1 Masche glatt rechts in Puderrosa
- = 1 Masche glatt rechts in Erika

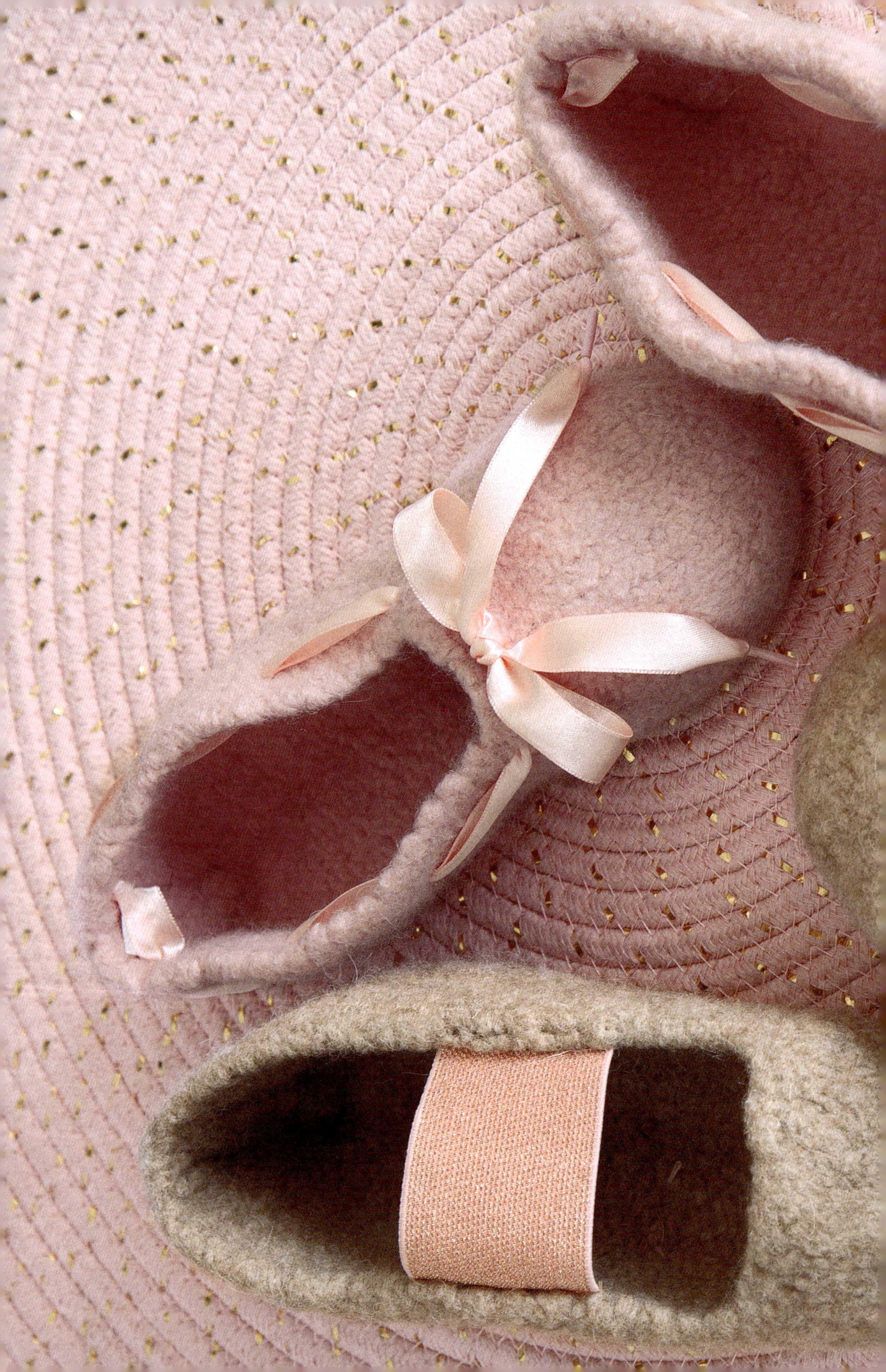

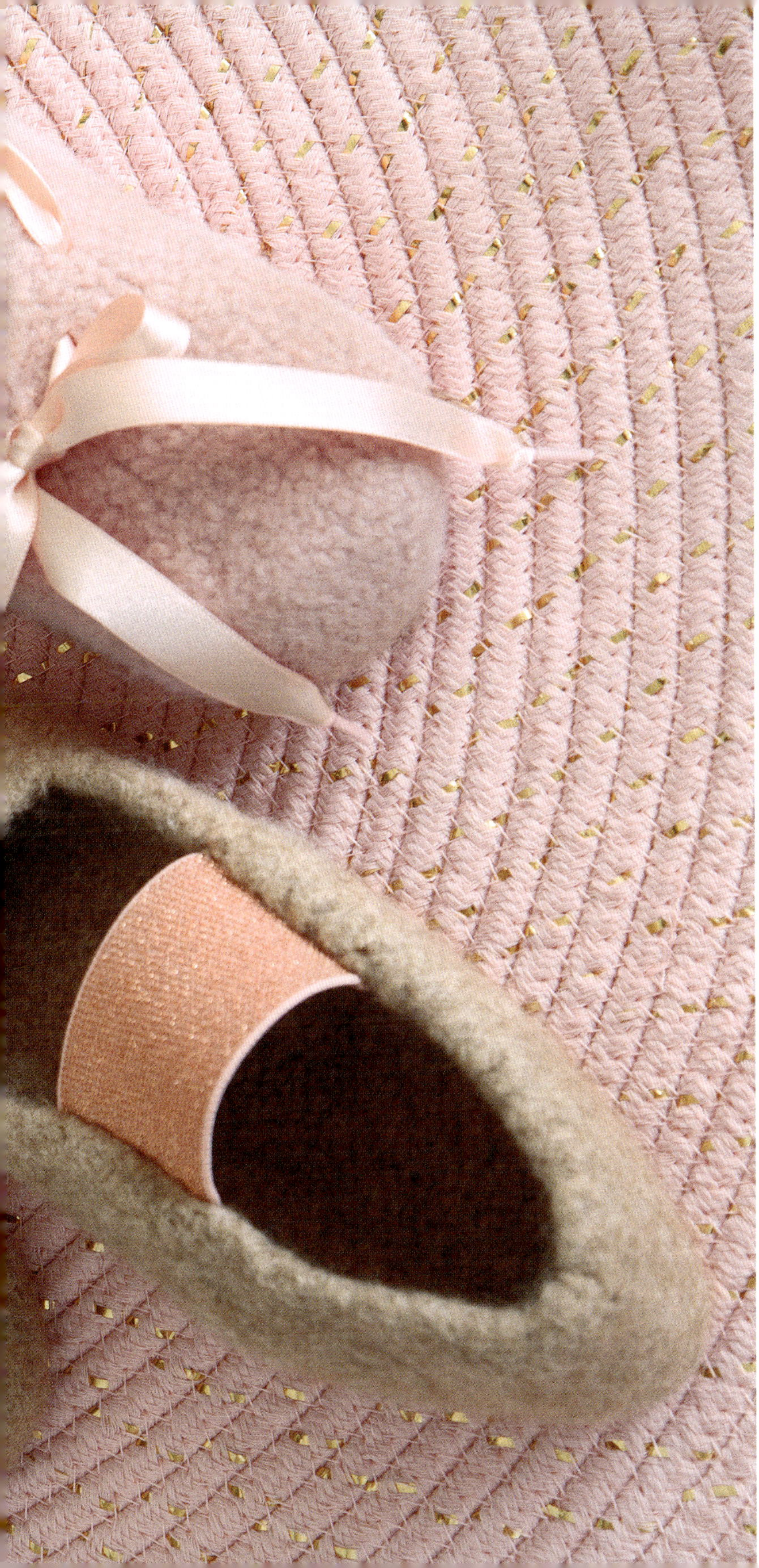

Mary Janes

Größe: 33/34, 35/36 und 37/38
Die Angaben für Größe 33/34 stehen vor der Klammer, die Angaben für die beiden größeren Größen aufsteigend und von einem Schrägstrich getrennt in den Klammern. Bei nur einer Angabe gilt diese für alle Größen.

Material:

- Lana Grossa Feltro (100 % Schurwolle; LL = 50 m/50 g): 150 g Beige meliert (Fb 24); Nadelspiel 7–8 mm; Gummiband in Roségold, 25cm lang, 50 mm breit, Art. 957 436 von Prym.

Maschenprobe:
glatt rechts mit Nadeln 7–8 mm: 12 Maschen und 16 Reihen = 10 cm x 10 cm vor dem Filzen und 8 cm x 8 cm nach dem Filzen.

Glatt rechts: In Hinreihen rechte Maschen, in Rückreihen linke Maschen stricken. In Runden stets rechte Maschen stricken.

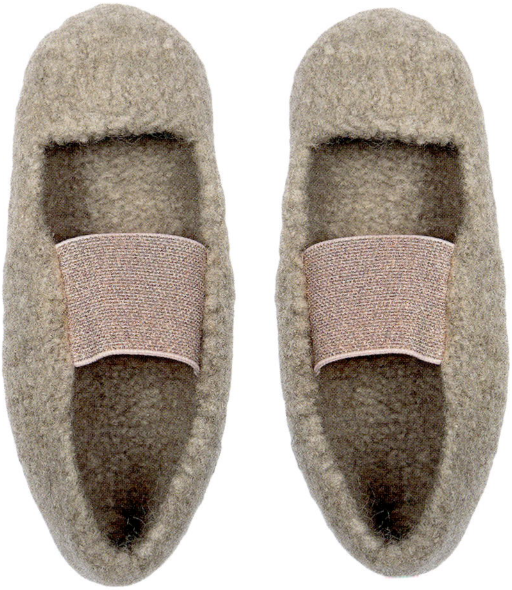

So wird's gemacht

28 (29/30) Maschen anschlagen und 1 Rückreihe linke Maschen stricken. Den Anschlagsfaden lang hängenlassen und später zum Zusammennähen verwenden. 26 (28/30) Reihen glatt rechts stricken. In der 27. (29./31.) Reihe beidseitig je 2 Maschen rechts zusammenstricken = 26 (27/28) Maschen. Diese Abnahmen in der 33. und 37. Reihe wiederholen = 22 (23/24) Maschen. Am Ende der 41. (43./45.) Reihe nicht wenden, sondern noch 8 Maschen dazu anschlagen und alle Maschen zur Runde schließen = 30 (31/32) Maschen. Die Maschen zu je 7-8-7-8 (7-8-8-8 / 8-8-8-8) Maschen auf 4 Nadeln des Nadelspiels verteilen und 8 (10/12) Runden glatt rechts stricken. Dann für die **Spitze** auf der 1. und 3. Nadel jeweils die 2. und 3. Masche und auf der 2. und 4. Nadel jeweils die 2.- und 3.-letzte Masche rechts zusammenstricken. Diese Abnahmen noch 4x (5x/5x) wiederholen. Dann den Faden abschneiden, durch die restlichen 10 (7/8) Maschen ziehen, fest zusammenziehen und vernähen. Die Fersennaht wie in der Grundanleitung auf Seite 8 beschrieben schließen. Den **zweiten Hausschuh** genauso arbeiten.

Fertigstellen

Die Fäden vernähen und die Hausschuhe nach Anleitung bei 30–40 °C in der Waschmaschine filzen (siehe Seite 6). Nach dem Waschen in Form ziehen. Zum Trocknen mit Papier ausstopfen. 2 Gummibänder von je 10 (11/12) cm (= 7 (8/9) cm plus beidseitig 1,5 cm Nahtzugabe) zuschneiden. An der oberen Schuhkante 9 (10/10,5) cm von der hinteren Mitte aus abmessen und von dort aus in Richtung Spitze über 5 cm das Gummiband annähen. Die Nahtzugabe nach innen einschlagen. Um nicht auszurutschen, die Sohlen mit flüssigem Latex, z. B. »Stop & Go Latexmilch« von Lana Grossa (im Wollfachhandel erhältlich) bestreichen, um so einen Antirutsch-Effekt von Stoppersocken zu erzielen.

Ballerinas

Größe: 33/34, 35/36 und 37/38
Die Angaben für Größe 33/34 stehen vor der Klammer, die Angaben für die beiden größeren Größen aufsteigend und von einem Schrägstrich getrennt in den Klammern. Bei nur einer Angabe gilt diese für alle Größen.

Material:

- Lana Grossa Feltro (100 % Schurwolle; LL = 50 m/50 g): 150 g Puderrosa (Fb 70); Nadelspiel 7–8 mm; 1 Paar rosa Satinschnürsenkel von Bergal, 100 cm lang.

Maschenprobe:

glatt rechts mit Nadeln 7–8 mm: 12 Maschen und 16 Reihen = 10 cm x 10 cm vor dem Filzen und 8 cm x 8 cm nach dem Filzen.

Glatt rechts: In Hinreihen rechte Maschen, in Rückreihen linke Maschen stricken. In Runden stets rechte Maschen stricken.

Randmasche: Die 1. und letzte Masche jeder Reihe rechts stricken.

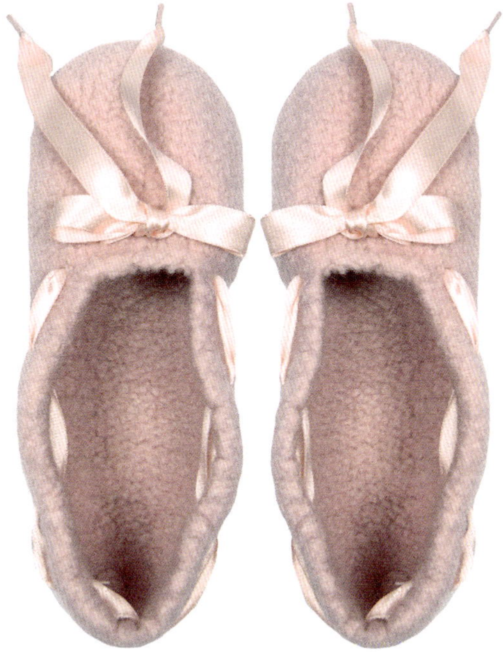

So wird's gemacht

28 (29/30) Maschen anschlagen und 1 Rückreihe linke Maschen stricken. Den Anschlagsfaden lang hängenlassen und später zum Zusammennähen verwenden. 26 (28/30) Reihen glatt rechts stricken. In der 27. (29./31.) Reihe beidseitig je 2 Maschen rechts zusammenstricken = 26 (27/28) Maschen. Diese Abnahmen in der 33. und 37. Reihe wiederholen = 22 (23/24) Maschen. Am Ende der 41. (43./45.) Reihe nicht wenden, sondern noch 8 Maschen dazu anschlagen und alle Maschen zur Runde schließen = 30 (31/32) Maschen. Die Maschen zu je 7-8-7-8 (7-8-8-8 / 8-8-8-8) Maschen auf 4 Nadeln des Nadelspiels verteilen und 8 (10/12) Runden glatt rechts stricken. Dann für die **Spitze** auf der 1. und 3. Nadel jeweils die 2. und 3. Masche und auf der 2. und 4. Nadel jeweils die 2.- und 3.-letzte Masche rechts zusammenstricken. Diese Abnahmen noch 4x (5x/5x) wiederholen. Dann den Faden abschneiden, durch die restlichen 10 (7/8) Maschen ziehen, fest zusammenziehen und vernähen. Die Fersennaht wie beschrieben schließen. Den **zweiten Hausschuh** genauso arbeiten.

Fertigstellen

Die Fäden vernähen und die Hausschuhe nach Anleitung bei 30–40 °C in der Waschmaschine filzen (siehe Seite 6). Nach dem Waschen in Form ziehen. Zum Trocknen mit Papier ausstopfen. Mit der Lochzange die Löcher gleichmäßig verteilt und 1,5 cm unterhalb der Kante einstanzen und jeweils ein Satinband durchziehen: Jeweils ein Loch in der hinteren Mitte rechts und links der Naht, je eines rechts und links über Eck am vorderen Ausschnitt und zwischen diesen Löchern an den Seitenkanten in gleichmäßigen Abständen 3 weitere Löcher einstanzen. Dann die Schnürsenkel einziehen.

Um nicht auszurutschen, die Sohlen mit flüssigem Latex, z. B. »Stop & Go Latexmilch« von Lana Grossa (im Wollfachhandel erhältlich) bestreichen, um so einen Antirutsch-Effekt von Stoppersocken zu erzielen.

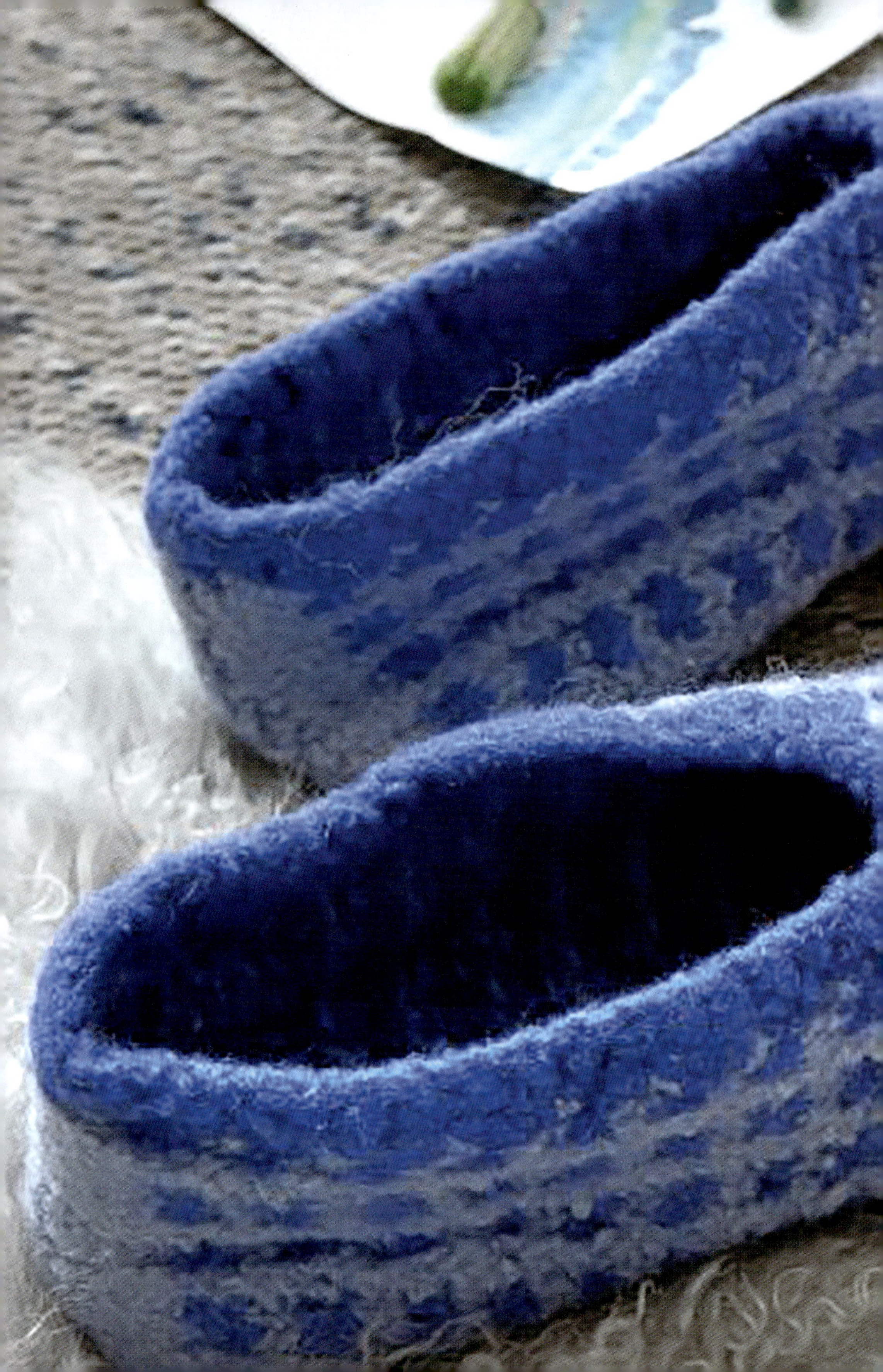

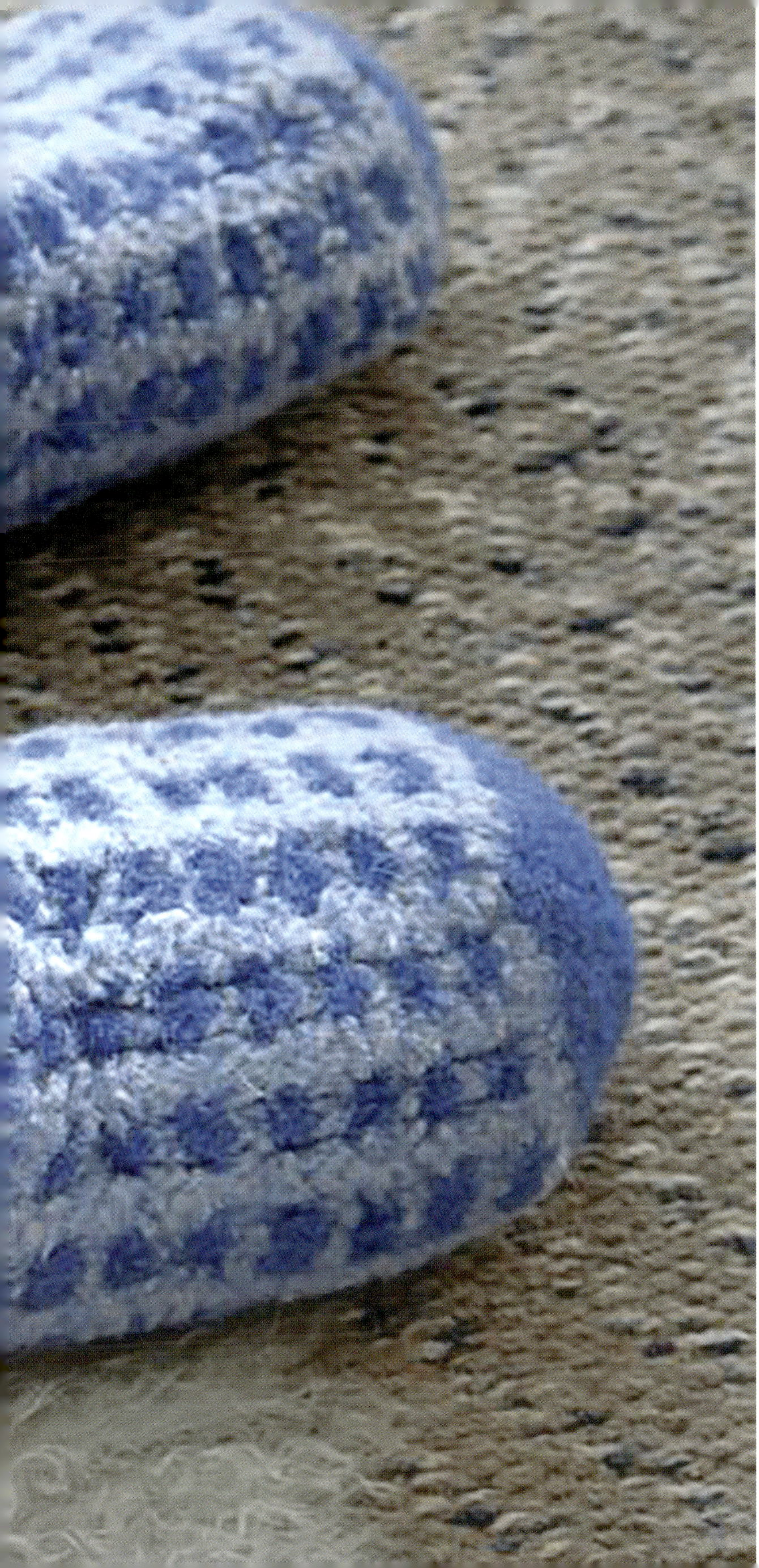

In Blau mit Hebemaschen

Größe: 42/43

Mithilfe der Größentabelle auf Seite 9 können die Hausschuhe auch in anderen Größen gearbeitet werden. Der Garnverbrauch ändert sich entsprechend.

Material:

- buttinette Woll Butt Filzwolle (100 % Schurwolle, LL = 50 m/50 g): je 100 g Hellblau (Fb 99.129.65) und Blau (Fb 99.219.34); Rundstricknadel 7–8 mm; Nadelspiel 7–8 mm; Häkelnadel 8 mm.

Hebemaschenmuster in Reihen: Maschenzahl teilbar durch 3 + 3 Maschen.

1. Reihe (Hinreihe): Mit Hellblau alle Maschen rechts stricken.

2. Reihe (Rückreihe): Alle Maschen links stricken.

3. Reihe: Mit Blau: 1 Masche rechts, mit dem Faden hinter der Arbeit 1 Masche wie zum Linksstricken abheben, * 2 Maschen rechts, mit dem Faden hinter der Arbeit 1 Masche wie zum Linksstricken abheben, ab * stets wiederholen, 1 Masche rechts.

4. Reihe: 1 Masche rechts, mit dem Faden vor der Arbeit 1 Masche wie zum Linksstricken abheben, * 2 Maschen rechts, mit dem Faden vor der Arbeit 1 Masche wie zum Linksstricken abheben, ab * stets wiederholen, 1 Masche rechts.

Hebemaschenmuster in Runden: Maschenzahl teilbar durch 3.

1. und 2. Runde: Mit Hellblau alle Maschen rechts stricken.

3. Runde: Mit Blau * 2 Maschen rechts, mit dem Faden hinter der Arbeit 1 Masche wie zum Linksstricken abheben, ab * stets wiederholen.

4. Runde: * 2 Maschen links, mit dem Faden hinter der Arbeit 1 Masche wie zum Linksstricken abheben, ab * stets wiederholen.

Glatt rechts in Runden: Stets rechte Maschen stricken.

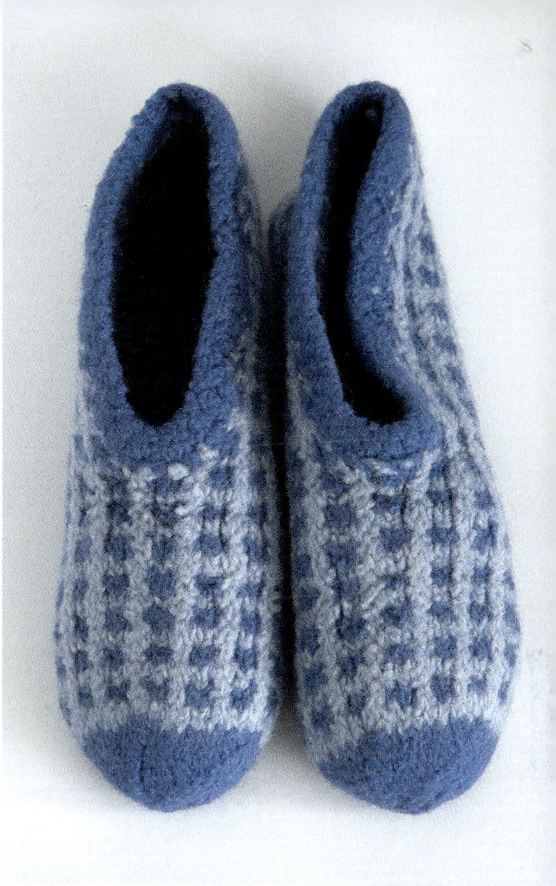

Maschenprobe:

glatt rechts mit Nadeln 7–8 mm: 12 Maschen und 16 Reihen = 10 cm x 10 cm vor dem Filzen und 8 cm x 8 cm nach dem Filzen.

Hinweis: Nach der Grundanleitung **Hausschuhe mit Fersennaht** auf Seite 8 stricken. Die farbigen Buchstaben im Anleitungstext verweisen auf die Größentabelle auf Seite 9, in der die Angaben für weitere Größen zu finden sind.

So wird's gemacht

Ein Paar Hausschuhe nach der Grundanleitung arbeiten: Mit 36 Maschen in Hellblau mit der Rundstricknadel 7–8 mm anschlagen **(A)** und 37 Reihen im Hebemaschenmuster stricken **(B)**, dabei mit einer Hinreihe beginnen und in der letzten Rückreihe die erste und die letzte Masche jeweils verdoppeln = 38 Maschen **(C)**. Die Maschen auf 4 Nadeln des Nadelspiels verteilen (= 9-10-9-10 Maschen). Die Arbeit zur Runde schließen, dabei am Beginn der 1. Nadel für das Hebemaschenmuster 1 Masche dazu anschlagen (= 39 Maschen). Die Zunahmen passend zum Hebemaschenmuster arbeiten, damit der Rapport wieder stimmt. 31 Runden im Hebemaschenmuster arbeiten **(D)**. Dann die **Spitze** glatt rechts nach der Grundanleitung wahlweise in Hell- oder Blau arbeiten: In jeder Runde die ersten 2 Maschen jeder Nadel zusammenstricken, bis nur noch 10 Maschen übrig sind. Hinweis: Je nach Größen können es an dieser Stelle auch nur 8 Maschen sein! Den Arbeitsfaden abschneiden, durch die restlichen Maschen ziehen, fest zusammenziehen und vernähen. Dann die Fersennaht wie beschrieben schließen.
Den **oberen Rand** mit 1 Runde feM in Dunkelblau behäkeln. Den **zweiten Hausschuh** genauso arbeiten.

Fertigstellen

Die Fäden vernähen und die Hausschuhe nach Anleitung bei 60 °C in der Waschmaschine filzen (siehe Seite 6). Nach dem Waschen in Form ziehen. Zum Trocknen mit Papier ausstopfen.

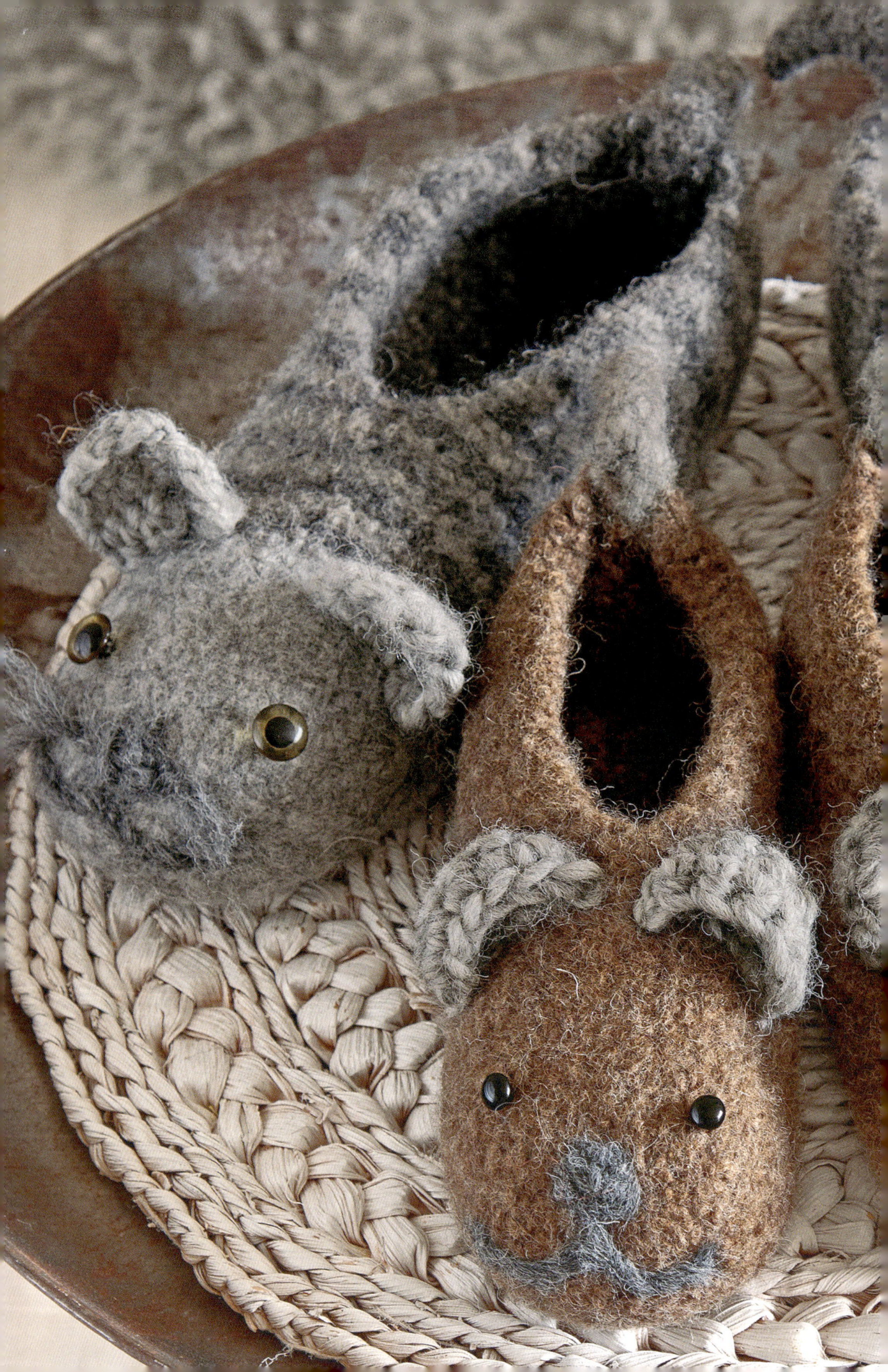

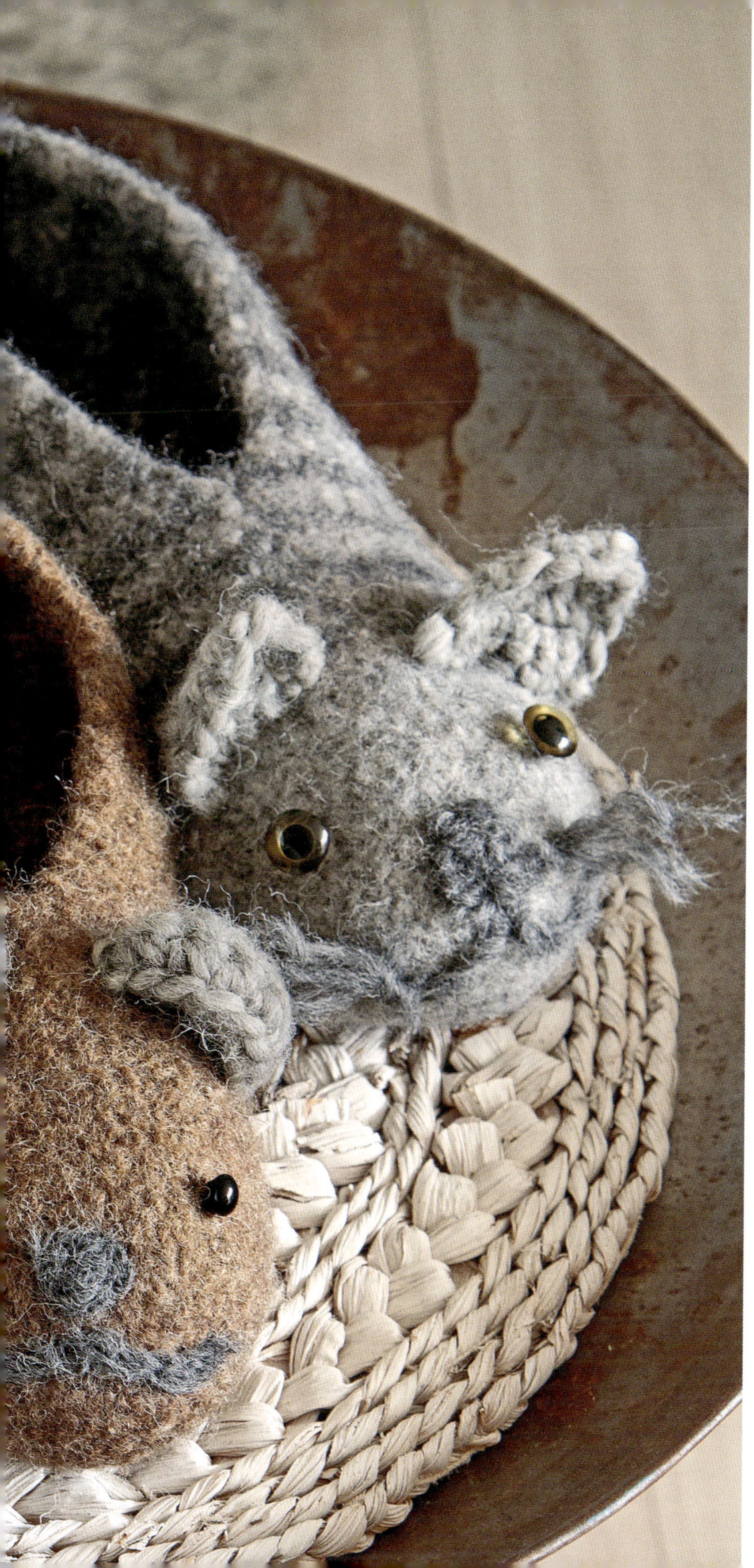

Süßes Kätzchen

Größe: 36/37

Mithilfe der Größentabelle auf Seite 9 können die Hausschuhe auch in anderen Größen gearbeitet werden. Der Garnverbrauch ändert sich entsprechend.

Material:

- Lana Grossa Feltro (100 % Schurwolle; LL = 50 m/50 g): 100 g Grau meliert (Fb 3) und 150 g Dunkelgrau meliert (Fb 4) (Hinweis: der Verbrauch ändert sich bei abweichender Schuhgröße!); Nadelspiel 7–8 mm; je eine Häkelnadel 6 mm und 9 mm; Filznadel von PRYM; Art. 131 161; 4 Tieraugen von UNION KNOPF, Art. 45462, Fb 34, Gr. 12 mm.

Glatt rechts in Runden: Alle Maschen rechts stricken.

Glatt rechts in Reihen: In Hinreihen alle Maschen rechts stricken, in Rückreihen alle Maschen links stricken.

Streifenfolge: * 2 Reihen/Runden Dunkelgrau meliert, 2 Reihen/Runden Grau meliert, ab * stets wiederholen.

Knötchenrandmasche: Beide Randmaschen in Hin- und Rückreihen rechts stricken.

Maschenprobe:

glatt rechts mit Nadeln 7–8 mm: 12 Maschen und 16 Reihen = 10 cm x 10 cm vor dem Filzen und 8 cm x 8 cm nach dem Filzen.

Hinweis: Nach der Grundanleitung **Hausschuhe mit Fersennaht** auf Seite 8 stricken. Die farbigen Buchstaben im Anleitungstext verweisen auf die Größentabelle auf Seite 9, in der die Angaben für weitere Größen zu finden sind.

So wird's gemacht

Mit der Rundstricknadel 30 Maschen in Dunkelgrau meliert anschlagen **(A)** und 31 Reihen glatt rechts und in der Streifenfolge stricken, dabei mit einer Rückreihe beginnen. Die erste und die letzte Masche jeder Reihe als Knötchenrandmasche arbeiten. In der letzten Rückreihe nach der 1. Masche und vor der letzten Masche jeweils 1 Masche rechts verschränkt aus dem Querfaden herausstricken (= 32 Maschen) **(C)**. Die Maschen auf 4 Nadeln des Nadelspiels verteilen (= 8 Maschen pro Nadel). Die Arbeit zur Runde schließen und glatt rechts stricken: Zunächst die Streifenfolge noch über 12 Runden fortführen, anschließend 13 Runden in Grau meliert = 25 Runden ab Rundenschluss **(D)**. Dann die **Spitze** gemäß Grundanleitung glatt rechts in Grau meliert arbeiten **(E)**. Für die Rundung in jeder Runde jeweils die ersten 2 Maschen jeder Nadel rechts zusammenstricken, bis nur noch 8 (oder 10 Maschen je nach Größe) übrig sind **(F) und (G)**. Den Arbeitsfaden abschneiden, durch die restlichen Maschen ziehen, fest zusammenziehen und vernähen. Die Fersennaht wie beschrieben schließen. Den **zweiten Hausschuh** genauso arbeiten.

Fertigstellen

Die Fäden vernähen und die Hausschuhe nach Anleitung bei 30–40 °C in der Waschmaschine filzen (siehe Seite 6). Nach dem Waschen in Form ziehen. Zum Trocknen mit Papier ausstopfen.

Ohren (4x arbeiten): Einen Fadenring in Grau meliert bilden. Mit der Häkelnadel 6 mm wie folgt arbeiten:

1. Reihe: 1 Luftm, 3 feM in den Fadenring.

2. Reihe: 1 Wende-Luftm, 1 feM, 3 feM in die folgende Masche, 1 feM = 5 feM.

3. Reihe: 1 Wende-Luftm, 2 feM, 3 feM in die folgende Masche, 2 feM = 7 feM.

4. Reihe: 1 Wende-Luftm, 7 feM. Dann die Arbeit beenden. Jeweils 2 Ohren am Kopf der beiden Hausschuhe annähen.

Schwanz (2x arbeiten): 8 Luftm + 1 Wende-Luftm in Dunkelgrau meliert doppelfädig mit Häkelnadel 9 mm anschlagen und 8 Kettm zurückhäkeln. Dann die Arbeit beenden. Je einen Schwanz in der hinteren Mitte jedes Hausschuhs annähen. Die Nase mit der Filznadel in Dunkelgrau meliert kreisrund auffilzen. Je 3 Schnurrhaare beidseits der Nase in Dunkelgrau meliert anfilzen, die Fadenenden aufzwirbeln und nicht anfilzen. Den Mund als Linie mit der Filznadel in Dunkelgrau meliert auffilzen. Dann die Augen annähen.

Um nicht auszurutschen, die Sohlen zur Sicherheit mit flüssigem Latex, z. B. »Stop & Go Latexmilch« von Lana Grossa (im Wollfachhandel erhältlich) bestreichen, um so einen Antirutsch-Effekt von Stoppersocken zu erzielen.

Kleine Maus

Die Hausschuhe Maus sind auf dem Bild auf S. 83 abgebildet.

Größe: 32/33

Mithilfe der Größentabelle auf Seite 9 können die Hausschuhe auch in anderen Größen gearbeitet werden. Der Garnverbrauch ändert sich entsprechend.

Material:

- Lana Grossa Feltro (100 % Schurwolle, LL = 50 m/50 g): 150 g Braun (Fb 23) und 50 g Grau meliert (Fb 3) (Hinweis: der Verbrauch ändert sich bei abweichender Schuhgröße!); Nadelspiel 7–8 mm; je eine Häkelnadel 6 mm und 9 mm; Filznadel von PRYM; Art. 131 161; 4 Tieraugen von UNION KNOPF, Art. 45462, Fb 34, Gr. 12 mm.

Glatt rechts in Runden: Alle Maschen rechts stricken.

Glatt rechts in Reihen: In Hinreihen alle Maschen rechts stricken, in Rückreihen alle Maschen links stricken.

Knötchenrandmasche: Beide Randmaschen in Hin- und Rückreihen rechts stricken.

Maschenprobe:

glatt rechts mit Nadeln 7–8 mm: 12 Maschen und 16 Reihen = 10 cm x 10 cm vor dem Filzen und 8 cm x 8 cm nach dem Filzen.

Hinweis: Nach der Grundanleitung **Hausschuhe mit Fersennaht** auf Seite 8 stricken. Die farbigen Buchstaben im Anleitungstext verweisen auf die Größentabelle auf Seite 9, in der die Angaben für weitere Größen zu finden sind.

So wird's gemacht

Mit der Rundstricknadel 28 Maschen in Braun anschlagen **(A)** und 27 Reihen glatt rechts stricken = 2 Reihen mehr als **(B)**, dabei mit einer Rückreihe beginnen. Die erste und die letzte Maschen jeder Reihe als Knötchenrandmasche arbeiten. In der letzten Rückreihe nach der 1. Masche und vor der letzten Masche jeweils 1 Masche rechts verschränkt aus dem Querfaden herausstricken = 30 Maschen **(C)**. Die Maschen auf 4 Nadeln des Nadelspiels verteilen (= 7/8/7/8 Maschen pro Nadel). Die Arbeit zur Runde schließen und 23 Runden glatt rechts stricken **(D)**. Dann die **Spitze** gemäß Grundanleitung glatt rechts in Braun arbeiten. Für die Rundung in jeder Runde jeweils die ersten 2 Maschen jeder Nadel rechts zusammenstricken, bis nur noch 10 (oder 8 Maschen je nach Größe) übrig sind. Den Arbeitsfaden abschneiden, durch die restlichen Maschen ziehen, fest zusammenziehen und vernähen. Die Fersennaht wie beschrieben schließen. Den **zweiten Hausschuh** genauso arbeiten.

Fertigstellen

Die Fäden vernähen und die Hausschuhe nach Anleitung bei 30–40 °C in der Waschmaschine filzen (siehe Seite 6). Nach dem Waschen in Form ziehen. Zum Trocknen mit Papier ausstopfen.

Ohren (4x arbeiten): Einen Fadenring in Grau meliert bilden. Mit der Häkelnadel 6 mm wie folgt arbeiten:

1. Reihe: 1 Luftm, 6 feM in den Fadenring.

2.–4. Reihe: 1 Wende-Luftm, 6 feM. Dann die Arbeit beenden. Jeweils 2 Ohren am Kopf der beiden Hausschuhe annähen.

Schwanz (2x arbeiten): 6 Luftm + 1 Wende-Luftm in Grau meliert doppelfädig mit Häkelnadel 9 mm anschlagen und 6 Kettm zurückhäkeln. Dann die Arbeit beenden. Je einen Schwanz in der hinteren Mitte jedes Hausschuhs annähen. Die Nase mit der Filznadel in Dunkelgrau meliert kreisrund auffilzen. Den Mund als Linie mit der Filznadel in Dunkelgrau meliert auffilzen. Dann die Augen annähen.

Um nicht auszurutschen, die Sohlen zur Sicherheit mit flüssigem Latex, z. B. »Stop & Go Latexmilch« von Lana Grossa (im Wollfachhandel erhältlich) bestreichen, um so einen Antirutsch-Effekt von Stoppersocken zu erzielen.

Mein Name ist Hase

Größe: nach Belieben wählbar, siehe Tabelle Seite 9

Material:

- Lana Grossa Feltro (100 % Schurwolle; LL = 50 m/50 g): Rohweiß (Fb 1), Verbrauch je nach Größe (siehe Tabelle Seite 9), zusätzlich noch 50 g Rohweiß für Ohren und Schwanz; Reste in Grau meliert (Fb 3), Altrosa (Fb 84) und Schwarz (Fb 6); Nadelspiel 7–8 mm; Lana Grossa Pomponmaker.

Perlmuster: 1 Masche rechts, 1 Masche links im Wechsel stricken. Das Muster in jeder Reihe/ Runde jeweils um 1 Masche versetzen.

Maschenprobe:

glatt rechts mit Nadeln 7–8 mm: 12 Maschen und 16 Reihen = 10 cm x 10 cm vor dem Filzen und 8 cm x 8 cm nach dem Filzen.

Hinweis: Nach der Grundanleitung **Hausschuhe mit Fersennaht** auf Seite 8 stricken.

So wird's gemacht

1 Paar Hausschuhe in Rohweiß nach der Grundanleitung auf Seite 8 stricken, dabei jedoch nicht glatt rechts, sondern im Perlmuster arbeiten. Die Fersennaht wie beschrieben schließen und den **zweiten Hausschuh** genauso arbeiten.

Für die **Ohren (4x arbeiten)** 9 Maschen anschlagen und 9 Reihen im Perlmuster stricken, dabei mit einer Rückreihe beginnen. Dann in jeder Reihe 2x die ersten 2 Maschen rechts zusammenstricken = 7 Maschen und noch 2x die ersten und die letzten 2 Maschen rechts zusammenstricken = 3 Maschen. Den Faden abschneiden und durch die restlichen Maschen ziehen. Die Ohren am Ansatz leicht nach innen falten und auf dem Schuh annähen.

Für die **Nase** mit Altrosa im Plattstich über der Spitze des Schuhs eine kleine Nase aufsticken.

Für die Barthaare 3 Fäden in Grau meliert unterhalb der Nase durchfädeln, sodass rechts und links ca. 10 cm Faden hängen.

Augen (4x arbeiten) mit Schwarz mithilfe einer dicken Stopfnadel einen großen Knoten bilden und diesen durch mehrmaliges Hineinstechen verdicken, bis eine ca. 1 cm dicke Kugel entstanden ist. Die Augen annähen.

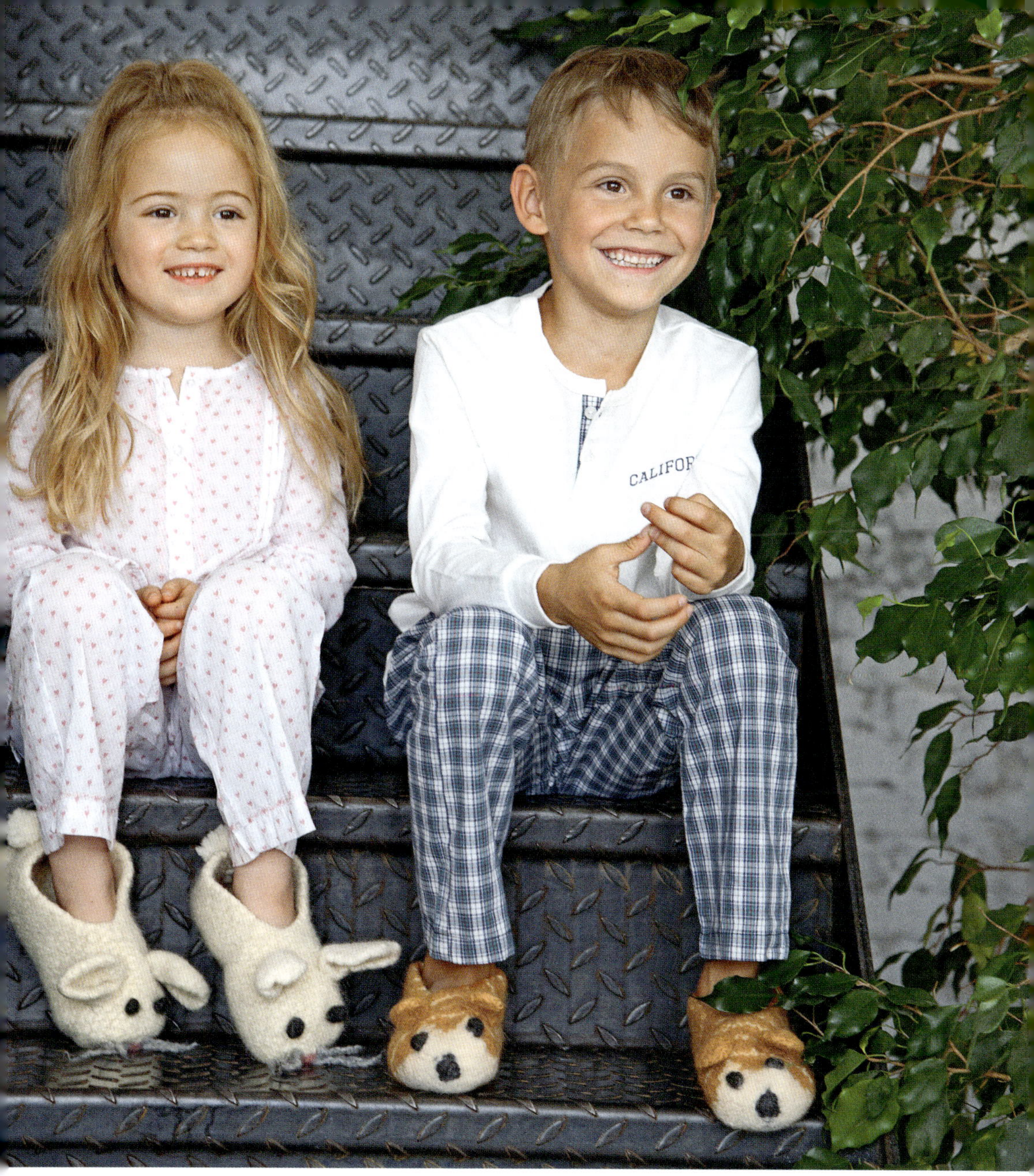

Fertigstellen

Die Fäden vernähen und die Hausschuhe nach Anleitung bei 30–40 °C in der Waschmaschine filzen (siehe Seite 6). Nach dem Waschen in Form ziehen. Zum Trocknen mit Papier ausstopfen.

Für die **Blume (2x arbeiten)** mit Rohweiß 2 Pompons mit ca. 4 cm Durchmesser wickeln. Nach dem Trocknen der Hausschuhe je 1 Schwänzchen ca. 2 cm unterhalb der Kante an der Rückseite der Schuhe annähen.

Um nicht auszurutschen, die Sohlen mit flüssigem Latex, z. B. »Stop & Go Latexmilch« von Lana Grossa (im Wollfachhandel erhältlich) bestreichen, um so einen Antirutsch-Effekt von Stoppersocken zu erzielen.

Hausschuhe Fuchs

Die Hausschuhe Fuchs sind auf dem Bild auf Seite 89 abgebildet.

Größe: nach Belieben wählbar, siehe Tabelle Seite 9

Material:

- Lana Grossa Feltro (100 % Schurwolle; LL = 50 m/50 g) Cognac (Fb 77), Verbrauch je nach Größe (siehe Tabelle Seite 9); zusätzlich 50 g Rohweiß (Fb 1) für Streifen und Gesicht sowie ein Rest Schwarz (Fb 6); Nadelspiel 7–8 mm, Lana Grossa Pomponmaker.

Glatt rechts: In Hinreihen rechte Maschen, in Rückreihen linke Maschen stricken. In Runden stets rechte Maschen stricken.

Streifenfolge: 6 Reihen/Runden Cognac und 1 Reihe/Runde Rohweiß im Wechsel stricken.

Einstrickmuster: Maschenzahl teilbar durch 6. Vor Beginn des Einstrickmusters die Maschenzahl durch Zu- oder Abnahmen gegebenenfalls entsprechend anpassen und nach den 6 Runden wieder auf die ursprüngliche Maschenzahl wechseln. Nach dem Zählmuster arbeiten. 1x die 1.–6. Runde arbeiten.

Maschenprobe:

glatt rechts mit Nadeln 7–8 mm: 12 Maschen und 16 Reihen = 10 cm x 10 cm vor dem Filzen und 8 cm x 8 cm nach dem Filzen.

Hinweis: Nach der Grundanleitung **Hausschuhe mit Fersennaht** auf Seite 8 stricken.

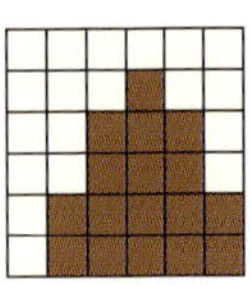

5
3
1

| 6 Maschen |

■ = 1 Masche glatt rechts in Cognac
□ = 1 Masche glatt rechts in Rohweiß

So wird's gemacht

1 Paar Hausschuhe nach der Grundanleitung auf Seite 8 stricken: In Rohweiß die benötigte Maschenzahl anschlagen und glatt rechts in der Streifenfolge arbeiten, dabei mit einer Rückreihe beginnen. 6 Runden vor Beginn der Spitze das Einstrickmuster nach dem Zählmuster arbeiten. Das Einstrickmuster benötigt eine durch 6 teilbare Maschenzahl. Bei weniger oder mehr Maschen (je nach Größe) vor der Spitze die fehlenden Maschen zunehmen oder abnehmen und anschließend entsprechend wieder abnehmen oder zunehmen. 1x die 1.–6. Runde stricken. Dann weiter in Rohweiß arbeiten und die Spitze nach Grundanleitung beenden. Die Fersennaht wie beschrieben schließen und den **zweiten Hausschuh** genauso arbeiten.

Für die **Ohren (4x arbeiten)** in Cognac 7 Maschen anschlagen und 5 Reihen glatt rechts stricken, dabei mit einer Rückreihe beginnen. Dann in jeder Reihe stets die ersten 2 Maschen rechts zusammenstricken, bis nur noch 3 Maschen auf der Nadel sind. Den Faden abschneiden und durch die restlichen Maschen ziehen. Die Ohren am Ansatz leicht nach innen falten und auf dem Schuh annähen.

Für die **Nase** mit Schwarz im Plattstich über der Spitze des Schuhs eine kleine Nase aufsticken. Für die **Augen (4x arbeiten)** mit Schwarz mithilfe einer dicken Stopfnadel einen großen Knoten bilden und diesen durch mehrmaliges Hineinstechen verdicken, bis eine ca. 1 cm dicke Kugel entstanden ist. Die Augen an der Spitze der Zacken im weißen Gesichtsfeld annähen.

Fertigstellen

Die Fäden vernähen und die Hausschuhe nach Anleitung bei 30–40 °C in der Waschmaschine filzen (siehe Seite 6). Nach dem Waschen in Form ziehen. Zum Trocknen mit Papier ausstopfen.

Um nicht auszurutschen, die Sohlen mit flüssigem Latex, z. B. »Stop & Go Latexmilch« von Lana Grossa (im Wollfachhandel erhältlich) bestreichen, um so einen Antirutsch-Effekt von Stoppersocken zu erzielen.

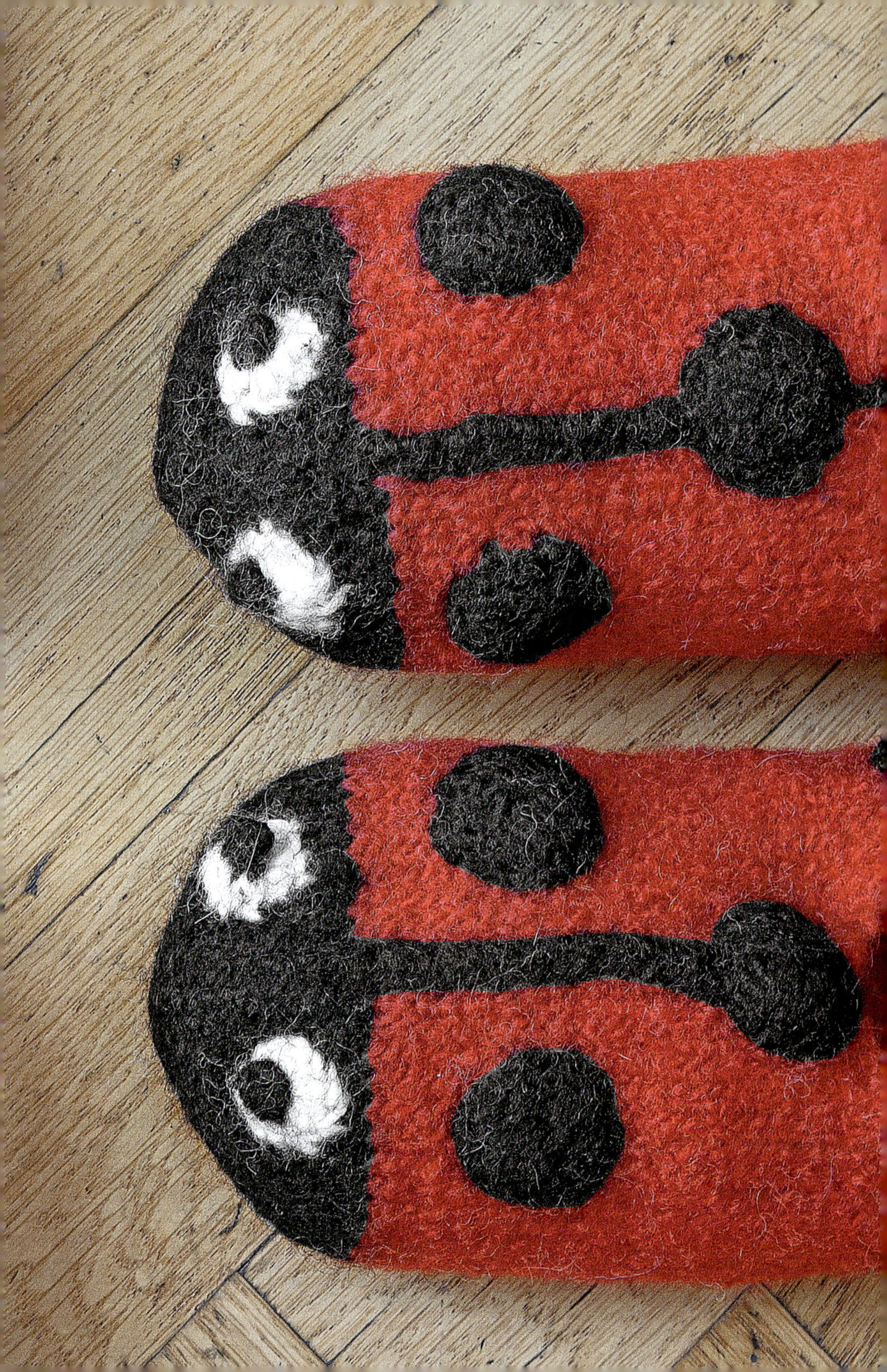

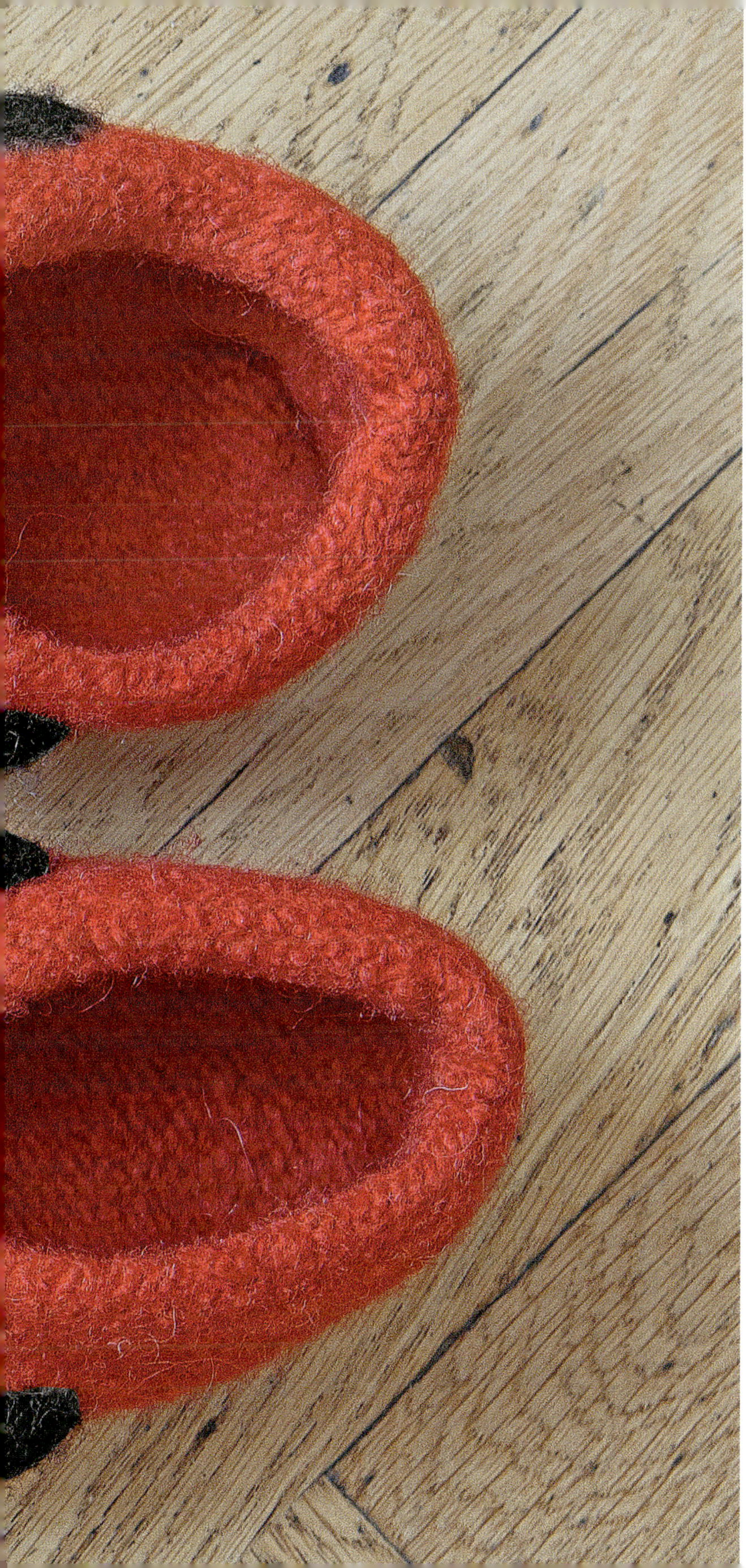

Glückskäfer

Größe: 36/37
Mithilfe der Größentabelle auf Seite 9 können die Hausschuhe auch in anderen Größen gearbeitet werden. Der Garnverbrauch ändert sich entsprechend.

Material:

- Lana Grossa Feltro (100 % Schurwolle, LL = 90 m/50 g): 100 g Rot (Fb 7), 50 g Schwarz (Fb 6) und ein Rest in Rohweiß (Fb 1) zum Besticken; Rundstricknadel 7–8 mm; Nadelspiel 7–8 mm; Häkelnadel 7 mm; Sticknadel mit stumpfer Spitze.

Glatt rechts: In Hinreihen rechte Maschen, in Rückreihen linke Maschen stricken. In Runden stets rechte Maschen stricken.

Maschenprobe:

glatt rechts mit Nadeln 7–8 mm: 12 Maschen und 16 Reihen = 10 cm x 10 cm vor dem Filzen und 8 cm x 8 cm nach dem Filzen.

Hinweis: Nach der Grundanleitung **Hausschuhe mit Fersennaht** auf Seite 8 stricken. Die farbigen Buchstaben im Anleitungstext verweisen auf die Größentabelle auf Seite 9, in der die Angaben für weitere Größen zu finden sind.

So wird's gemacht

Ein Paar Hausschuhe in Rot nach der Grundanleitung auf Seite 8 stricken, dabei ab Beginn der Spitze in Schwarz weiterarbeiten: 30 Maschen in Rot mit der Rundstricknadel 7–8 mm anschlagen **(A)** und 31 Reihen glatt rechts stricken **(B)**, dabei in der letzten Rückreihe die erste und die letzte Masche jeweils verdoppeln = 32 Maschen **(C)**. Die Maschen auf 4 Nadeln des Nadelspiels verteilen (8 Maschen pro Nadel), die Arbeit zur Runde schließen und 25 Runden glatt rechts stricken **(D)**. Den Faden in Rot abschneiden und mit Schwarz die **Spitze** nach der Grundanleitung arbeiten: In jeder Runde die ersten 2 Maschen jeder Nadel zusammenstricken, bis nur noch 8 Maschen übrig sind. Hinweis: Je nach Größen können es an dieser Stelle auch 10 Maschen sein! Anschließend den Faden abschneiden und durch die restlichen Maschen ziehen.

Mittig auf dem Fuß eine **schwarze Linie** aus Kettm aufhäkeln. Sie beginnt am Übergang von schwarzer Spitze zu rotem Fuß.

Für einen **Punkt (10x arbeiten)** in einen Fadenring beginnend mit 3 Luftm 11 Stb häkeln und mit 1 Kettm zur Runde schließen. Den Faden lang abschneiden und zum Aufnähen benutzen. Pro Schuh 5 Punkte häkeln und verteilt auf den Schuh nähen. Auf die schwarze Spitze 2 Augen in Rohweiß aufsticken. In die Mitte eine kleine schwarze Pupille einsticken. Dann die hintere Fersennaht wie beschrieben schließen. Den zweiten Hausschuh ebenso arbeiten.

Fertigstellen

Die Fäden vernähen und die Hausschuhe nach Anleitung bei 60 °C in der Waschmaschine filzen (siehe Seite 6). Nach dem Waschen in Form ziehen. Zum Trocknen mit Papier ausstopfen.

Impressum

Autorinnen: Sabine Abel, Seiten 22–39, 48–51, 60–63, 78–81; Annette Diepolder, Seiten 64–67; Karoline Hoffmeister, Seiten 14–17, 40–47, 52–59, 68–77, 88–95; Sabine Ruf, 18–21, 82–83
Fotos & Styling: Elisabeth Berkau, Seiten 2, 4, 12/13, 18/19, 22–63, 68–63; Herbert Dehn, Seiten 14/15; Hermann Mareth, Seiten 64–67
Projektmanagement: Maria Möllenkamp
Lektorat: Stephanie van der Linden
Korrektorat: Manuela Burkhardt
Umschlaggestaltung: Regina Degenkolbe
Satz: Silke Schüler
Repro: LUDWIG:media
Herstellung: Julia Hegele
Printed in Poland by CGS Printing

★★★★★

Sind Sie mit diesem Titel zufrieden? Dann würden wir uns über Ihre Weiterempfehlung freuen. Erzählen Sie es im Freundeskreis, berichten Sie Ihrem Buchhändler oder bewerten Sie beim Onlinekauf. Und wenn Sie Kritik, Korrekturen oder Aktualisierungen haben, freuen wir uns über Ihre Nachricht an Christophorus Verlag, Postfach 40 02 09, D-80702 München oder per E-Mail an lektorat@verlagshaus.de.

Unser komplettes Programm finden Sie unter

www.christophorus-verlag.de

In diesem Buch wird aus Gründen der besseren Lesbarkeit das generische Maskulinum verwendet. Weibliche und anderweitige Geschlechteridentitäten werden dabei ausdrücklich mitgemeint, soweit es für die Aussage erforderlich ist.

Die Deutsche Nationalbibliothek verzeichnet diese Publikation in der Deutschen Nationalbibliografie; detaillierte bibliografische Daten sind im Internet über http://dnb.d-nb.de abrufbar.

2. Auflage

Infanteriestraße 11a
80797 München

ISBN 978-3-8410-6766-1

Kreativ-Service

Sie haben Fragen zu unseren Büchern und Materialien? Wir beraten Sie gern rund um alle Kreativthemen. Rufen Sie uns einfach an. Wir interessieren uns auch für Ihre eigenen Ideen und Anregungen. Sie erreichen uns per E-Mail kreativ-service@c-verlag.de oder unter der Telefonnummer 0049-89-1306 99 577.

Besuchen Sie uns im Internet: www.christophorus-verlag.de & www.selbstgemacht.de